Na espiritualidade de nossos pais e mãe  bem atentos. Aprender a ouvir é uma grande lição de vida, e é disso que dão testemunho as páginas deste livro. Com seus autores eu aprendo que o silêncio abraça, prepara a mesa, segura a pressa de aconselhar, põe freios na ansiedade de visitar a dor do outro sem ter nos olhos aquelas lágrimas que saram o coração. Este livro é uma sinfonia espiritual escrita para todos os que procuram ouvir.

MARCOS ALMEIDA
Cantor e compositor

O que mais me impactou foi que o livro não fala especificamente de mentoria, em que se imagina alguém com mais prática e conhecimento ensinando um novato, nem fala especificamente de discipulado, em que um profundo conhecedor das Escrituras ministra a outro, menos instruído. O que me impactou foi que o livro revela um pouco o mistério dos "encontros", encontros esses em que todos, mentores e mentorados, são convidados a não negar nem disfarçar sua própria miséria humana a fim de, juntos, experimentarem a graça de Deus.

ESTHER CARRENHO
Teóloga, psicóloga clínica e escritora

Sempre que estive na presença dos autores deste livro, eu pensava: "Que maravilhoso seria se o que estou ouvindo aqui pudesse alcançar mais pessoas!". Esse desejo agora é realidade. Com esta publicação a igreja brasileira ganhou um presente de grande valor. Sua leitura meditativa tem condições de transformar nossas práticas devocionais e ofícios litúrgicos em momentos de profundo encontro com a Trindade, livrando-nos da espiritualidade mecânica e superficial que nos tem aprisionado em nossos maus hábitos evangélicos.

PEDRO DULCI
Pastor, conferencista e escritor

Nesta obra o leitor encontrará um reexame refinado de temas essenciais da espiritualidade na rica tradição cristã, temas esses que são apresentados nas Escrituras e têm sido vivenciados no curso dos séculos. É um livro escrito com a vida de seus autores: amados pastores que inspiram minha jornada. Um texto conversado, como mentoria, com jovens líderes.

DAVI LAGO
Pastor, conferencista e escritor

Esta obra é a semente de mostarda transformada em árvore frondosa. Aqui temos a oferta de alimento, textos com sabor de essência de vida em Cristo. E, como a impactante cor amarela da mostarda em pó, o livro nos remete a um estado de "atenção" para o chamado que verdadeiramente importa: "Segue-me". É um alerta profético a ser ouvido com o coração.

DELIS ORTIZ
Jornalista e membro da Igreja Presbiteriana do Planalto, Brasília

FORMAÇÃO ESPIRITUAL

Um caminho de fé, vida e missão

———

Organizado por
VALDIR STEUERNAGEL

Copyright © 2020 por Valdir Steuernagel (org.)
Publicado por Editora Mundo Cristão

Os textos bíblicos foram extraídos da *Nova Versão Transformadora* (NVT), da Editora Mundo Cristão (usado com permissão da Tyndale House Publishers, Inc.), salvo indicação específica.

Eventuais destaques nos textos bíblicos e citações em geral referem-se a grifos dos autores.

Todos os direitos reservados e protegidos pela Lei 9.610, de 19/02/1998.

Os direitos das ilustrações utilizadas nesta obra foram cedidos pelos artistas para uso dos autores. Usado com permissão.

É expressamente proibida a reprodução total ou parcial deste livro, por quaisquer meios (eletrônicos, mecânicos, fotográficos, gravação e outros), sem prévia autorização, por escrito, da editora.

Revisão
Natália Custódio

Produção e diagramação
Felipe Marques

Colaboração
Ana Luiza Ferreira

Capa
Rafael Brum

Ilustrações
Angela Bacon (caps. 5, 8)
Keren Moura (cap. 3)
Martina Seefeld Storck (cap. 2)
Pri Sathler (caps. 4, 6)
Rick Szuecs (cap. 1)
Sonia Couto (cap. 7)

CIP-Brasil. Catalogação na publicação
Sindicato Nacional dos Editores de Livros, RJ

F82

Formação espiritual : um caminho de fé, vida e missão / organização Valdir Steuernagel. - 1. ed. - São Paulo : Mundo Cristão, 2020.
160 p.

ISBN 978-85-433-0512-7

1. Espiritualidade. 2. Vida cristã. I. Steuernagel, Valdir.

20-62214
CDD: 284.4
CDU: 27-584

Publicado no Brasil com todos os direitos reservados por:

Editora Mundo Cristão
Rua Antônio Carlos Tacconi, 69
São Paulo, SP, Brasil
CEP 04810-020
Telefone: (11) 2127-4147
www.mundocristao.com.br

Categoria: Espiritualidade
1ª edição: setembro de 2020 | 1ª reimpressão: 2021

Sumário

Agradecimentos — 7
Prefácio — 9
Introdução — 13

1. Trindade: identidade e comunhão — 21
   Ricardo Barbosa de Sousa

2. O evangelho do reino: riqueza e desafio — 37
   Valdir Steuernagel

3. A igreja é sempre a igreja — 55
   Ricardo Barbosa de Sousa

4. A graça do silêncio e a disciplina da escuta — 73
   Osmar Ludovico da Silva

5. As disciplinas espirituais — 89
   Osmar Ludovico da Silva

6. A descoberta e o encanto com o outro — 105
   Silêda Silva Steuernagel

7. Família: fonte de alegria e sofrimento — 119
   Isabelle Ludovico

8. O tempo como dádiva — 139
   Ziel Machado

Sobre os autores — 157

Agradecimentos

Na caminhada do Projeto Grão de Mostarda (PGM), descobrimos uma face de Deus que é graciosa, acolhedora e desafiadora. Agradecemos. Centenas de *pegemistas*, como chamamos os participantes desse programa de mentoria, se integraram, de corpo e alma, a essa jornada de espiritualidade. Agradecemos. Várias pessoas cuidaram da retaguarda, o que nos permitiu manter vínculos, desenvolver programas e construir relações. Entre eles destacamos Everton e Raquel Ferreira Kischlat, e Sandro e Chris Caetano. Agradecemos. A produção deste livro foi uma obra conjunta. Além dos autores, também reconhecemos os artistas que fizeram parte do PGM e aqui expressaram facetas de sua espiritualidade. Assim, cada capítulo conta, na abertura, com uma arte que reflete a percepção do artista quanto ao conteúdo do texto, o que estabelece uma bonita conversa entre artistas e autores. São eles: Angela Bacon, Keren Moura, Martina Seefeld Storck, Pri Sathler, Rick Szuecs e Sonia Couto. Agradecemos.
E tem a Ana Flávia Vieira. Ela é "a Ana". Carinhosa, prestativa e competente, foi de enorme ajuda na produção deste livro. Agradecemos.

Soli Deo gloria

Prefácio

A primeira vez que subi ao púlpito para o sermão dominical sem usar terno e gravata foi um marco em minha trajetória espiritual e ministerial. Era um daqueles dias de verão em Santos, litoral de São Paulo, quando até mesmo o vento era quente e se podia dizer que havia um sol para cada um. Eu estava iniciando meu ministério como jovem pastor, com pouco mais de 21 anos de idade. Cometi o atrevimento de deixar no encosto da cadeira o paletó que me acompanhava para rivalizar com meu semblante de menino. Ao final da manhã, um ancião, diácono dos antigos e fundador daquela igreja batista, me abordou em tom de crítica, comentando: "Já não se fazem mais pastores como antigamente". Fui embora contrariado e entristecido, mas sem arriscar resposta.

Aos poucos fui me dando conta de que meu silêncio não se justificava por sabedoria prudente, educação ou mesmo humildade ou subserviência temerosa. A verdade era que eu não sabia o que responder. Foram necessários alguns anos para que eu fosse encontrado pelas palavras de Atos 13.36, que explodiram em meu coração como revelação, apontando o caminho: "depois que Davi fez a vontade de Deus em sua geração, morreu e foi sepultado com seus antepassados, e seu corpo apodreceu". Naquele instante ouvi Deus me dizendo que era, sim, verdade que já não se fazem mais pastores *como* antigamente, pela simples razão de que já não se fazem mais pastores *para* antigamente. Desde então percorro o caminho da obediência, buscando, com temor e tremor, servir ao propósito de Deus em minha geração.

Confesso meu pecado: o testemunho do Projeto Grão de Mostarda (PGM) sempre despertou em mim um misto de admiração e inveja. Nos meus primeiros anos de caminhada no discipulado de Jesus e serviço pastoral, tive também o privilégio de participar de uma experiência de mentoria espiritual comunitária que me oportunizou o discernimento e o aprofundamento de minha identidade e vocação. Mas me recordo de quantas vezes ouvi relatos a respeito do PGM e lembro que meu coração ansiava pela oportunidade de proximidade com aquela roda de mentores. Os anos foram se acumulando e agora sou surpreendido pela graça de escrever o prefácio que apresenta não apenas um texto, mas especialmente a biografia desses homens e mulheres mentores, com quem hoje tenho o prazer de privar da comunhão e amizade.

Valdir e Silêda Steuernagel, Osmar e Isabelle Ludovico, Ricardo Barbosa, Ricardo Gondim, que ficou no projeto até 2007, e Ziel Machado fazem parte da minha história. Minha peregrinação espiritual está profundamente marcada por seus ensinos sobre como ler as Escrituras, observar as disciplinas espirituais, cultivar a vida interior do Espírito, zelar pela integridade e a santidade do coração, desfrutar da família como experiência do sagrado, servir com diligência e zelo, e atravessar os dias com ternura e leveza na presença amorosa de Deus, nosso *Aba*.

A tradição religiosa na qual cresci, o evangelicalismo protestante reformado, é caracterizada mais por falar do que por ouvir, mais pela razão-racionalidade do que pela subjetividade, mais pelo dogmatismo do que pela afetividade, mais pelo individualismo do que pelo encontro, mais pelo controle propositivo do que pela rendição responsiva, mais pela dimensão catafática do que aquela apofática. Especialmente quando somos jovens, ambiciosos de mudar o mundo, de fazer grande nosso nome sob a justificativa da relevância, e afoitos desde o alto da prepotência de quem se julga sabido, esse modelo serve como uma luva. Mas a mentoria espiritual inverte os polos. Convida ao silêncio e à comunidade. Chama para a profundidade e o sublime inefável. Sugere o Deus abscôndito que se revela na face iluminada do irmão e da irmã. Aponta o caminho do quarto como lugar secreto e do encontro comunitário como ambiente seguro e amoroso, fecundo de transformações. Revela a missão e a vocação como expressão do ser e frutificar, muito mais do que fazer, empreender e realizar.

O PGM é um esforço prazeroso e generoso de parceria e amizade de alguns mentores e mentoras, que se dispõem a acompanhar as novas gerações, que não são mais como antigamente, para que sejam encontradas pela graça de Deus e se encontrem consigo e com sua vocação. Você tem em mãos um texto com profundidade bíblica e teológica, ensino prático e testemunho vivencial, um roteiro de temas imprescindíveis para sua jornada no discipulado: Deus em sua triuniade; reino de Deus e seus imperativos missionais; igreja, em toda sua beleza e complexidade; família, com suas alegrias e dores; práticas devocionais e disciplinas espirituais; comunhão, amizades, encontros e desencontros. É minha alegria e honra ser um espectador privilegiado desses homens e mulheres, mentores e mentoras, que se dedicam a servir aos propósitos de Deus em sua própria geração sem contudo negligenciar a tradição, legado das gerações que nos antecederam na fé, e as novas gerações que desde hoje semeiam os sinais do reino de Deus no amanhã e para sempre.

Ed René Kivitz
Pastor na Igreja Batista de Água Branca (IBAB),
em São Paulo

Introdução

Um convite à espiritualidade cristã

As coisas significativas na vida têm um lugar e um tempo. Fogem da abstração, tornam-se concretas e, à medida que acontecem, revestem-se de uma roupagem que pode até tornar-se uma marca. Foi isso que aconteceu com o Projeto Grão de Mostarda, que deu origem a este livro. O PGM, como hoje é identificado, nasceu espontaneamente, foi tomando forma e converteu-se em uma proposta, um jeito de ser, uma marca que já ultrapassa os 25 anos de existência.

O cenário não podia ser mais simples: uma cama, uma cadeira e um bloco de papel com folhas amarelas. Foi um período da minha vida em que, durante cerca de um mês, lutei contra uma febre insistente e de origem desconhecida. Ainda que tentasse "tocar a vida", fui sendo tomado pelo enfraquecimento, que me obrigava a permanecer acamado boa parte do dia. Em um desses dias, Osmar Ludovico da Silva, na época já um irmão do coração, veio visitar-me. Acomodou-se numa cadeira ao lado da cama e ali permaneceu. Sem pressa e com muita presença, como é a marca dele.

Embora isso tenha ocorrido em 1993, guardo na lembrança aquela cena marcada pela presença sem pressa e que ainda hoje me estende um convite a desacelerar e a viver com presença. Creio que esse momento foi significativo para mim porque sou uma pessoa que sempre tem pressa, mesmo quando a saúde exige desacelerar. Também tenho muita dificuldade de estar verdadeiramente presente, seja com relação a mim mesmo, seja com outras pessoas. De alguma forma, pode-se dizer que o PGM começou comigo e para mim, pois ali, em meio a essa conversa sem pressa, foi alinhavada a proposta de convidar um grupo de jovens para um mergulho na rota da espiritualidade. A ideia era formar um pequeno núcleo de pessoas mais experimentadas que se disporia a ser transparente e fazer-se presente na vida de líderes jovens que emergiam ao nosso redor. Nos primeiros anos éramos eu, Osmar, Ricardo Barbosa e Ricardo Gondim. Quando este saiu, foi substituído pelo Ziel Machado. Esse núcleo passou a nutrir não apenas uma relação de mentoria com os jovens participantes do PGM, mas desenvolveu uma amizade que aproximava e enriquecia a caminhada de cada um. Uma caminhada que foi fielmente acompanhada pela Silêda, com a sua presença acolhedora e escutadora.

Assim, dos rascunhos escritos naquelas folhas amarelas, nasceu o PGM. Desde então, temos reunido um crescente número de pessoas dos mais diferentes matizes evangélicos e universos profissionais e de todos os lugares do Brasil para serem mentoreadas. No decorrer dos anos foram acompanhados sete grupos de líderes jovens, em idade entre 25 e 35, que se comprometeram a estar conosco por um período de três anos, orando e com o objetivo comum de que a "semente de grão de mostarda" encontrasse em sua vida um lugar fértil para brotar com beleza, enraizamento e acolhimento mútuo.

Essa rica experiência nos possibilitou acompanhar a vida desses jovens à medida que amadureciam, formavam família e encontravam o caminho da vocação profissional e ministerial. Jovens que, servindo em sua igreja e movimentos, têm se empenhado em viver uma espiritualidade evangélica, com a marca da integridade e da visão relacional, com impacto vocacional e comunitário, sempre sob a égide da busca pelo reino de Deus.

Os encontros se caracterizam pela simplicidade, pela programação informal e pela convivência intensa. Priorizam o ouvir Deus em sua Palavra, mediante a prática da escuta no silêncio e da oração que nasce na alma, e o ouvir o outro, em um profundo compartilhamento do ritmo da vida. Procuramos alimentar uma espiritualidade bem construída, bem relacional e bem testemunhal, voltada sempre para a Trindade, para Jesus e seu reino, para uma significativa vida comunitária e para o testemunho da fé numa sociedade complexa, conflituosa e atrativa.

O PGM não é um produto terminado, como não está "terminado" qualquer processo de formação espiritual. Portanto, mentores e mentoreados vão abraçando e incorporando à sua vida e ao seu ministério as marcas dessa caminhada, vivenciando o que tem sido uma grande dádiva: a prática da oração e da escuta do outro e o surgimento de novos diálogos, gerando, assim, uma contínua e relevante obediência evangélica.

A convivência com os diferentes grupos de *pegemistas* tem nos permitido, como mentores, perceber uma crescente ambiguidade — marcada pela *gratidão*, pelo *conflito* e pela *dificuldade* — em relação à experiência eclesial dos participantes. A *gratidão* é expressada por muitos que desfrutam a fé no seio de sua igreja. Mas também aparece um crescente *conflito* com lideranças pastorais e autoridades eclesiásticas rígidas, que os veem como simples "mão de obra", quando não como ameaça. E há ainda a *dificuldade* de conciliar a vivência profissional com uma igreja que se nega a ver o mundo como o lugar onde a missão deve ser vivida.

Vezes sem conta, o que vimos foram líderes cansados e em crise com sua igreja, desmotivados para continuar nela e com ela contribuir. Não raro, sentiam-se ameaçados por líderes eclesiais inseguros e defensores de um *status quo* eclesiástico--cultural anacrônico. Viam-se confrontados por líderes famintos de fama e poder, que não permitiam o florescimento de uma liderança emergente disposta a conversar e carente de diálogo sobre a natureza da igreja e seu lugar testemunhal na sociedade.

O encontro com a vocação é outra marca muito presente em cada novo grupo de integrantes do PGM. Uma vocação que dê significado à vida, que seja capaz de mediar integridade e relevância na construção de uma sociedade mais digna e justa, e que represente um testemunho que aponte para a realidade do reino de Deus. O que temos visto, como mentores, são pessoas que lutam contra enormes estruturas de poder que dificultam, quando não impedem, o exercício da vocação como expressão de integridade e justiça capaz de construir sistemas transparentes e de promoção do outro, especialmente dos mais vulneráveis e frágeis.

Em anos mais recentes, a percepção de desencanto com a realidade brasileira aumentou de modo significativo. Afinal, a experiência de viver em um país estruturalmente injusto, politicamente refém de uma liderança autocentrada e dominada pela cultura do "jeitinho" em benefício próprio, guarda desafios que tendem a provocar desânimo e desilusão, ou fuga para encolhidas vivências eclesiais ou para a transformação da vocação num trabalho mecânico, cuja satisfação não vai além da remuneração. Assim, o que muitas vezes se testemunhou foi a emergência de líderes que vão perdendo o encanto e a alegria de lutar por um sentido de dignidade, vocação e bem-estar comum.

Além disso, como não poderia deixar de ser, muitos participantes vêm com a experiência de uma família recém-constituída ou com a expectativa de fazê-lo, uma vez que nessa fase da vida a busca por um relacionamento estável e saudável é intensa e significativa. No entanto, para muitos deles que provêm de famílias disfuncionais, com experiências de vida doloridas, superar as dificuldades do passado e, ao mesmo tempo, buscar construir uma nova experiência familiar, saudável e dignificante, é um desafio que consome grande parte das energias próprias dessa fase da vida. Por isso, muitas das nossas conversas giram em torno da busca por ser família, do desejo de encontrar alguém com quem partilhar um matrimônio gracioso e saudável, da alegria da gravidez e da dor da infertilidade ou do aborto.

Celebramos vários matrimônios e festejamos o nascimento de muitas crianças, algumas das quais vieram a fazer parte de nossos encontros e tempos de silêncio, brincando ou sendo amamentadas no seio materno. Investir na formação de famílias que tenham a marca da graça, da mutualidade e do acolhimento, tanto mútuo como testemunhal, foi certamente uma das ricas experiências dessa nossa caminhada na espiritualidade cristã.

Enquanto essa busca do outro era afirmada no modelo familiar constituído por homem e mulher, as novas gerações se encontravam em contínua convivência com a afirmação de outros modelos e configurações relacionais e familiares, exigindo uma convivência e um diálogo do qual não podiam fugir e que tinham a marca da sua geração. A mera afirmação raivosa e fundamentalista de uma moral tradicional, muitas vezes desgastada e desacreditada, não gerava esperança nova e genuína para uma geração que tem pela frente o futuro da relacionalidade e da comunidade. Portanto, para além da discordância e do protesto, era preciso buscar caminhos de escuta para questões excruciantes e perguntas emergentes mediante a prática do acolhimento genuíno e da oração e de uma conversa mútua, de modo a trilhar o caminho que conduz ao evangelho do reino de Deus.

Esse diálogo está longe de terminar e nele é preciso ouvir para que algo novo possa nascer. Um ouvir que se submete a Deus e à sua Palavra, e leva o outro a sério, chorando e celebrando com ele, na clara e profunda consciência de que é nesse evangelho, como boa-nova, que precisamos todos nos encontrar.

É importante destacar que o PGM não pretende ser um meio de encontrar respostas prontas, pois ele é, acima de tudo, uma oportunidade para oração, escuta e encontro. Uma oração que nasça não de palavras rápidas, mas de uma escuta profunda da voz de Deus, do discernimento do sopro do Espírito que convida à obediência e de um reencontro com Jesus, que sempre está pronto a chamar-nos para segui-lo. Uma escuta que dê espaço para que o outro complete a frase, consiga processar e expressar as coisas mais profundas da alma e sinta-se entendido. Uma escuta que não oferece respostas, mas busca um caminho comum. Um caminho em que todos se sentem acompanhados independentemente de sua história de vida. Assim tivemos a graça de ver a formação de casais, o nascimento de crianças, o descobrimento e aceitação de novas profissões, o estabelecimento de amizades profundas, mas também a morte de pais e filhos, a perda de emprego e o repasse de piadas sem graça em mais de um grupo desse mundo digital.

À medida que as conversas eram travadas, algo bonito nascia, algo que poderíamos chamar de uma espiritualidade inteira e íntegra. Uma espiritualidade evangélica que acabou se constituindo numa espécie de mapa segundo o qual nossos encontros eram gestados.

O mesmo acontece com este livro: ele tematiza as marcas desse mapa da espiritualidade.

Valdir Steuernagel

1

TRINDADE: IDENTIDADE E COMUNHÃO

Ricardo Barbosa de Sousa

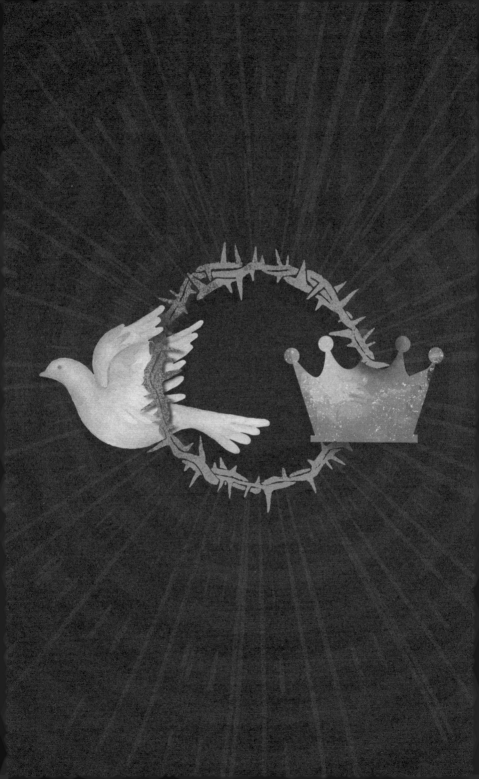

O relacionamento com Deus é uma realidade confusa e marcada por sentimentos de culpa e inadequação. Muitos insistem num relacionamento íntimo com Deus. No entanto, embora a expressão seja atraente, imagino que no fundo só aumente a confusão e a frustração. Afinal, o que realmente queremos dizer com intimidade com Deus? Que ele ouve e responde a todas as orações? Que nos orienta em tudo a fim de não corrermos o risco de tomar alguma decisão errada? Significa chamá-lo de "paizinho"?

Acredito que o que falta é uma gramática que nos ajude a entender em que consiste esse relacionamento. A gramática cristã é, quase sempre, uma gramática sobre Deus, mas o conhecimento *sobre* Deus não é o mesmo que o conhecimento *de* Deus ou uma experiência *com* Deus. No Evangelho de João, capítulos 14 a 17, lemos uma das passagens mais impressionantes das Escrituras sobre o desejo de Deus de se relacionar com seu povo e como esse relacionamento se dá. Vejamos o seguinte princípio bíblico.

A união com Cristo

O texto de João é considerado o mais trinitário do Novo Testamento. Dois grandes e decisivos momentos da vida de Jesus com seus discípulos são descritos nele. O primeiro, narrado nos capítulos 13 a 16, envolve o que chamamos de "conversas no cenáculo" ou "conversas de despedida". O segundo é a conhecida "oração sacerdotal de Jesus", inserida no capítulo 17. Esses dois momentos são essenciais para a espiritualidade cristã porque revelam o que está no coração do Mestre. Ele está se despedindo de seus amigos. Após três anos de convivência, em que os discípulos ouviram e viram coisas que nunca haviam sequer imaginado, Jesus se encontra com eles no andar superior de alguma casa em Jerusalém para, juntos, celebrarem a Páscoa. Seu último gesto, antes das instruções finais, foi lavar os pés dos discípulos, um gesto que definiu a natureza da vida e da missão daqueles homens.

Mas esses dois momentos também revelam o desejo mais sublime de Jesus, o que Calvino chamou de "união com Cristo" ou "união mística", tema central para a espiritualidade cristã: "Portanto, para que nos transfira os benefícios que ele recebeu do Pai, é necessário que ele se faça nosso e habite em nós".[1] Temos nessa afirmação duas grandes verdades espirituais: a primeira diz respeito à transferência para nós de todos os benefícios que Cristo recebeu do Pai; a segunda, à habitação de Cristo em nós.

Deixe-me começar pela segunda afirmação. Em João 14, após o constrangimento dos discípulos diante da atitude do Mestre e Senhor de lavar-lhes os pés, Jesus afirma que para onde ia seus discípulos não poderiam acompanhá-lo, o que deixa cada vez mais claro que se tratava de uma despedida. Quando Filipe diz: "Senhor, mostre-nos o Pai, e ficaremos satisfeitos" (v. 8), a resposta de Jesus vem como chave para

[1] *Institutas da religião cristã*, livro 3/1.

entender o princípio da união com ele: "quem me vê, vê o Pai" (v. 9). Em outras palavras, o Filho encontra-se eternamente unido ao Pai, e o Pai ao Filho. As palavras do Pai são as palavras do Filho, e as obras que o Filho realiza são as mesmas obras do Pai. Esse é o princípio que revela a união eterna do Pai com o Filho.

A surpresa vem quando Jesus estende esse mesmo relacionamento aos discípulos: "No dia em que eu for ressuscitado, vocês saberão que eu estou em meu Pai, vocês em mim, e eu em vocês" (v. 20). O Filho está no Pai, nós estamos no Filho e o Filho está em nós. Como isso é possível? Jesus é quem responde: "Quem me ama faz o que eu ordeno. Meu Pai o amará, e nós viremos para morar nele" (v. 23). O princípio é o mesmo: a Palavra. O Filho eterno, a Palavra encarnada, vive e age pela Palavra do Pai, por isso ele está no Pai e o Pai nele. Os discípulos amam, guardam a Palavra do Filho e vivem por ela, e por meio dela o Pai e o Filho fazem sua habitação em nós, mediante a qual participamos da mesma comunhão divina.

Permanecemos em Cristo quando permanecemos na Palavra de Cristo. Quando mente, desejos, afetos e vontade são moldados por sua Palavra, vivemos como Cristo e a vontade dele torna-se a nossa vontade, os desejos dele tornam-se os nossos desejos, e assim temos o que Paulo chama de "a mente de Cristo". Nessa união com o Filho, unimo-nos ao Pai.

Voltemos agora à primeira parte da afirmação de Calvino, "para que nos transfira os benefícios que ele recebeu do Pai". Calvino reconhece que a vida, paixão, crucificação, ressurreição e ascensão de Jesus nos concederam os mesmos benefícios que o Filho unigênito recebeu do Pai. Veja o que Jesus afirma aos seus discípulos: "quem crê em mim fará as mesmas obras que tenho realizado, e até maiores, pois eu vou para o Pai"

(Jo 14.12). E mais: "se vocês permanecerem em mim e minhas palavras permanecerem em vocês, pedirão o que quiserem, e isso lhes será concedido!" (15.7). Como é possível que nós, discípulos de Cristo, humanos e limitados, façamos as mesmas obras que ele fez, e até maiores? O que significa "pedir o que quiser"?

O Filho e o Pai estão unidos numa comunhão viva, dinâmica e real. Tudo que pertence ao Pai é entregue ao Filho, tudo que pertence ao Filho pertence também ao Pai. As obras do Filho são as obras do Pai, e as palavras do Filho são as mesmas palavras do Pai. Essa perfeita união entre o Pai e o Filho está por trás da afirmação de Jesus para Filipe: "quem me vê, vê o Pai".

Até aqui é relativamente fácil compreender o relacionamento perfeito de comunhão entre o Pai e o Filho. A dificuldade, como dissemos, está na inclusão dos discípulos nesse mesmo relacionamento. Em outras palavras, o que Jesus está dizendo é que, em nossa união com ele, todos os benefícios que ele recebeu do Pai são transferidos a nós. E é exatamente a isso que Calvino se refere.

Antes de prosseguir, é importante considerar que, ao lado da Palavra que nos une a Cristo, temos também a promessa do Consolador, o Espírito Santo. Se, por um lado, nossa união com Cristo existe por causa da Palavra, por outro, a presença da Palavra só é real em nós pela ação do Espírito. O Espírito Santo é o Espírito da verdade que nos conduzirá "a toda a verdade. Não falará por si mesmo, mas lhes dirá o que ouviu [...]. Ele me glorificará porque lhes contará tudo que receber de mim" (Jo 16.13-14).

O Espírito Santo vem da parte de Deus para tornar possível e real a união da igreja com Cristo. Como o Filho, cuja palavra não é sua mas guarda a Palavra do Pai, o Espírito tampouco tem uma palavra sua, uma vez que comunica o que o Filho nos ensinou e nos ajuda a guardar a Palavra do Filho.

Assim, para participar da união com Cristo, precisamos da Palavra e do Espírito. Não se trata apenas do conhecimento racional da Palavra de Deus, mas da habitação real dela em nós, e isso é realizado pelo Espírito Santo. Assim como Jesus é a Palavra encarnada, a permanência de Jesus em nós e nós nele faz que a Palavra também seja encarnada em nós, ou seja, o Filho vive em nós: "a íntima ligação da Cabeça e membros, a habitação de Cristo em nosso coração — a união mística — estão em harmonia conosco em elevado grau de importância; assim, pois, Cristo, tendo sido feito nosso, torna-nos participantes com ele nos dons, nos quais ele está dotado".[2]

O Espírito Santo, portanto, toma aquilo que é do Filho e o torna nosso. Ele é o Espírito da comunhão, e realiza em nós o que primeiro realiza o Filho. Isso nos ajuda a entender as palavras de Jesus: "quem crê em mim fará as mesmas obras que tenho realizado, e até maiores, pois eu vou para o Pai". É importante notar a afirmação final de Jesus: "pois eu vou para o Pai". Porque Jesus vai para o Pai é que essa realidade se torna possível. No seu caminho para o Pai temos a crucificação, a ressurreição e a ascensão. No caminho de volta para o Pai, Jesus vence o pecado e o mal, triunfa sobre os poderes da morte e é ascendido ao trono, onde reina pelos séculos dos séculos. É por causa da crucificação, ressurreição e ascensão que podemos entrar no mundo de Deus e participar dele. É preciso crer em Jesus, ou seja, em sua morte, ressurreição e ascensão.

[2] Idem, livro 3.11.10.

A união com Cristo na oração sacerdotal

Em João 17.21, Jesus apresenta a seguinte súplica em favor dos discípulos: "Minha oração é que todos eles sejam um, como nós somos um, como tu estás em mim, Pai, e eu estou em ti. Que eles estejam em nós, para que o mundo creia que tu me enviaste".

Normalmente esse versículo tem sido usado para conclamar a igreja à unidade, buscar a superação das diferenças e apresentar ao mundo uma voz uníssona e profética, a fim de que o evangelho seja compreendido e nele se creia. Certamente, trata-se de uma súplica pela unidade, mas uma unidade que transcende a preocupação ecumênica com qualquer processo político de buscar uma unidade institucional. A unidade que Jesus suplica ao Pai é o seu desejo de que a mesma união que o Pai tem eternamente com o Filho seja compartilhada com todos os que creem em Jesus.

A súplica para que "sejamos um" baseia-se no fato de que Deus — Pai, Filho e Espírito Santo — é uma comunhão. Ao afirmar "como tu estás em mim, Pai, e eu estou em ti [...] eles estejam em nós", Jesus nos convida a participar da mesma comunhão de que ele e o Pai desfrutam desde toda a eternidade. O Deus revelado na Bíblia é uma comunhão de pessoas (Pai, Filho e Espírito Santo) que coexistem num relacionamento perfeito de amor e interdependência. A unidade é a expressão desse amor que se manifesta em harmoniosa amizade.

A participação na vida do Filho, pelo poder do Espírito Santo, implica a comunhão de tudo que pertence ao Filho. Em João 17.10, podemos ver claramente o desejo de Jesus de nos incluir naquilo de que ele desfruta na comunhão com o Pai: "Tudo que é meu pertence a ti, e tudo que é teu pertence a mim". Em seu caminho de volta para o Pai, Jesus revela seu desejo de que os discípulos desfrutem da mesma alegria da qual ele sempre desfrutou em sua comunhão com o Pai: "Agora vou para tua presença. Enquanto ainda estou no mundo, digo estas coisas para que eles tenham minha plena alegria em si mesmos" (v. 13).

Somos enviados como o Filho é enviado pelo Pai: "Assim como tu me enviaste ao mundo, eu os envio ao mundo" (v. 18). Somos amados com o mesmo amor com que o Filho é eternamente amado pelo Pai: "Eu estou neles e tu estás em mim. Que eles experimentem unidade perfeita, para que todo o mundo saiba que tu me enviaste e os amas tanto quanto me amas" (v. 23) e, no final da oração: "Eu revelei teu nome a eles, e continuarei a fazê-lo. Então teu amor por mim estará neles, e eu estarei neles" (v. 26). Participamos da mesma glória que o Filho tem diante do Pai: "Eu dei a eles a glória que tu me deste, para que sejam um, como nós somos um" (v. 22).

Em última análise, podemos ver em todas essas declarações de Jesus seu desejo de nos envolver no mesmo relacionamento de que o Pai, o Filho e o Espírito Santo desfrutam eternamente.

Amizade e adoção

Essas duas palavras nos ajudam a entender a natureza dessa comunhão. Jesus revela a natureza de seu relacionamento com os discípulos ao afirmar que não os chamaria mais de servos, mas, sim, de "amigos" (Jo 15.15). Quando lhes revela o que tem recebido do Pai, Jesus faz de seus discípulos participantes de sua amizade eterna com o Pai. Embora essa atitude de Jesus não anule a verdade de que ele é Rei e Senhor e nós somos seus servos, ela nos mostra uma nova maneira de compreender o significado de ser servo de Cristo, uma vez que a natureza desse novo relacionamento será medida pela relação do Filho com o Pai. Isso implica um novo e revolucionário modelo de relacionamento, em que a obediência e a submissão já não serão definidas por uma estrutura de poder, mas pela mesma natureza de obediência e submissão amorosa de que o Filho e o Pai desfrutam entre si eternamente.

A perfeita comunhão da Trindade nos revela um Deus que é amor, como João o descreve. Ele é amor porque existe, eternamente, numa comunhão dinâmica de amor perfeito entre as três pessoas divinas. Por isso, a comunhão cristã é um imperativo, e não uma opção. A súplica de Jesus para sermos "um" com ele e o Pai implica estendermos esse princípio de relacionamento para a comunidade cristã. Na conversa de despedida, Jesus deixa isso claro: "Por isso, agora eu lhes dou um novo mandamento: Amem uns aos outros. Assim como eu os amei, vocês devem amar uns aos outros. Seu amor uns pelos outros provará ao mundo que são meus discípulos" (Jo 13.34-35). Nossa identidade cristã é determinada pela identidade do próprio Deus.

A segunda palavra tem basicamente o mesmo propósito revelado na natureza da comunhão trinitária, ou seja, o princípio da adoção. O apóstolo Paulo foi o grande mestre dessa doutrina. Escrevendo à igreja de Roma, ele instrui:

> Pois vocês não receberam um espírito que os torne, de novo, escravos medrosos, mas sim o Espírito de Deus, que os adotou como seus próprios filhos. Agora nós o chamamos "*Aba*, Pai", pois o seu Espírito confirma a nosso espírito que somos filhos de Deus. Se somos seus filhos, então somos seus herdeiros e, portanto, co-herdeiros com Cristo. Se de fato participamos de seu sofrimento, participaremos também de sua glória.
>
> Romanos 8.15-17

Paulo usa essa mesma linguagem ao escrever à igreja da Galácia:

> Deus enviou seu Filho [...] para resgatar a nós que estávamos sob a lei, a fim de nos adotar como seus filhos. E, porque nós somos seus filhos, Deus enviou ao nosso coração o Espírito de seu Filho, e por meio dele clamamos: "*Aba*, Pai". Agora você já não é escravo, mas filho de Deus. E, uma vez que é filho, Deus o tornou herdeiro dele.
>
> Gálatas 4.4-7

Ambos os textos afirmam a mesma verdade: Deus, por meio de Cristo, nos redimiu e nos adotou como filhos e filhas, e enviou seu Espírito para que por meio dele clamássemos *Aba*, Pai. A adoção não é simplesmente um *status* legal, mas uma condição real. Essa filiação nos é conferida pelo Espírito de adoção, que nos liberta da escravidão do medo e nos oferece uma nova identidade, a de filhos e, consequentemente, de herdeiros de Deus e co-herdeiros com Cristo.

Paulo é enfático ao afirmar que não recebemos um espírito de escravidão para vivermos dominados pelo medo. Vivemos aprisionados pelo medo da rejeição, do abandono, do esquecimento, do desemprego, da pobreza, da doença, da morte. Tudo isso nos leva a recuar, a olhar com desconfiança, a suspeitar, a não nos doar, fazendo-nos viver cada vez mais presos dentro de nós mesmos.

A amizade com Cristo e o Espírito da adoção, portanto, nos libertam do medo e nos conduzem a uma nova realidade: somos amigos de Jesus, filhos e filhas de Deus, co-herdeiros com Cristo. Essa condição, no entanto, só pode ser compreendida pela relação única do Filho unigênito de Deus com o Pai. Deus não é nosso Pai porque projetamos nele essa imagem a partir de conceitos e experiências com nossos pais. Em sua eterna e infinita bondade, Deus nos adotou como filhos e filhas mediante o sacrifício de Cristo na cruz do Calvário, e nos deu o seu Espírito, que testemunha com o nosso espírito a nossa filiação.

É, portanto, o Espírito de Cristo que nos introduz nessa nova realidade e clama através de nós: *Aba*, Pai. Esse clamor não vem de nós, não se origina em nós, ele vem do Espírito Santo, que nos assegura a condição de filhos e nos conduz a um relacionamento com Deus Pai, mediante o qual desfrutamos dos mesmos benefícios do unigênito Filho de Deus. Fomos resgatados da escravidão do pecado e do medo, para uma nova vida, uma vida em Cristo, que, ao habitar em nós por meio do seu Espírito, nos leva a clamar *Aba*, Pai, um clamor da mesma forma e natureza expressada por Jesus. E, com isso, o Espírito de adoção estabelece um novo padrão de relacionamento.

Infelizmente, o espírito narcisista e consumista da cultura moderna tem levado muitos a interpretar a declaração de Paulo de que somos filhos de Deus, herdeiros e co-herdeiros com Cristo como um direito. Ser herdeiro de Deus significa viver como um príncipe, uma vez que nosso Pai é o Rei. É nesse espírito que vemos muitos cristãos reivindicarem direitos, bênçãos, curas, milagres e tudo que julgam ser seu por força de sua condição de príncipe herdeiro. Esse, no entanto, não é o Espírito de adoção, mas o espírito do anticristo.

Essa mentalidade corrompida tem levado muitos cristãos a uma compreensão confusa do significado de comunhão com Deus. A imagem de Deus como Pai é distorcida, causando frustração e desilusão. Somente um bastardo — um filho não reconhecido como legítimo — sente a necessidade de reivindicar, exigir direitos e brigar por aquilo que julga seu. Um filho, que sabe que é filho, que é reconhecido como filho e que usufrui os direitos de filho, jamais reivindica porque sabe quem é.

O Espírito da adoção nos introduz num relacionamento semelhante ao que Jesus, o Filho amado, experimentou na comunhão com o Pai. Essa é nossa herança. Ser um, como ele, na comunhão com o Pai significa participar dos mesmos sofrimentos, da mesma alegria, da mesma missão, do mesmo amor e da mesma glória. Essa é a herança dos filhos e filhas de Deus. Participar do mesmo sofrimento e da mesma glória é participar integralmente da vida em Cristo, ou, como afirmou Calvino, participar de tudo que é de Cristo. No fim, seremos como ele é.

O fato de termos sido adotados por Deus mediante o sacrifício de Jesus Cristo e feitos herdeiros de Deus e co-herdeiros com Cristo nos torna participantes de todos os benefícios de que Cristo desfruta em sua comunhão com o Pai, como reafirmado na oração sacerdotal. A herança é gloriosa. Não se trata de um bem material melhor, mais caro, mais glamoroso, mas de incluir-nos naquilo que é mais verdadeiro, mais humano, mais divino, mais glorioso e eterno.

A afirmação do apóstolo Paulo aos filipenses de que não era ele quem vivia, mas que Cristo vivia nele, e que a vida deveria ser vivida pela fé no Filho de Deus mostra que o Espírito da adoção o libertou de uma vida autocentrada para uma vida autodoada. Ao participar dessa comunhão trinitária, Paulo também participa dos sofrimentos de Cristo em favor da igreja, bem como da sua glória e alegria junto com seu Pai.

A união com Cristo e a oração

A compreensão dessa herança, que envolve a promessa do Espírito da adoção, a inclusão na comunhão trinitária e a participação nas riquezas de Cristo, abre uma nova porta para a experiência da oração. Orar é fazer parte da comunhão divina. Numa cultura determinada por relações funcionais, pela valorização do pragmatismo, pelo reconhecimento de que só é real o que se pode medir quantitativamente, a oração transformou-se em instrumento pragmático de realizações pessoais. Não estou dizendo que devemos deixar de apresentar a Deus nossas súplicas ou ações de graças, mas que precisamos entender que orar vai além disso.

É a partir da compreensão de que fomos feitos filhos e filhas de Deus, herdeiros de Deus e co-herdeiros com Cristo que Paulo declara: "Que podemos dizer diante de coisas tão maravilhosas? Se Deus é por nós, quem será contra nós? Se ele não poupou nem mesmo seu próprio Filho, mas o entregou por todos nós, acaso não nos dará todas as outras coisas?" (Rm 8.31-32). Trata-se da afirmação de alguém que compreendeu o significado de ter sido adotado por Deus e ter se tornado herdeiro. O argumento de Paulo é simples. Se Deus nos amou a ponto de não poupar o próprio Filho, seu bem mais precioso, mas o entregou por nós, amorosa e generosamente, haveria alguma coisa que Deus, em seu eterno amor por nós, nos negaria? Se ele não poupou o único Filho, o que haveria de poupar? Certamente nada. É com esse espírito que Paulo ora.

Nossas orações são frequentemente marcadas por sentimentos de inadequação, culpa, rejeição, medo e abandono. Muitos acham que suas orações não são ouvidas, que não passam do teto do quarto, que Deus nunca lhes concederá o que desejam. Alguns agem assim porque as feridas da infância, como abandono e rejeição, criam verdadeiras prisões para a alma. Outros porque não entenderam a súplica da oração sacerdotal, não entraram na comunhão divina na condição de filhos adotados em Cristo pelo Pai. Em vez de orar ao Deus, Pai de Jesus Cristo, oram ao pai projetado por imagens confusas e limitadoras de famílias disfuncionais, criando assim uma imagem falsa de Deus e da oração.

O Filho unigênito de Deus nos salvou da escravidão e do medo a fim de nos incluir na mesma comunhão que ele sempre viveu. A doutrina da Trindade mostra que orar é estar em comunhão com o Pai, por meio do Filho, no poder do Espírito Santo. Se compreendermos o amor de Deus revelado em Jesus Cristo e derramado em nosso coração pelo Espírito que em nós habita, confiaremos em Deus, derramaremos nossa alma diante dele e provaremos de sua graça e bondade, transformando-nos em pessoas mais semelhantes a ele.

Nos relacionamentos humanos, a amizade pessoal e sincera se caracteriza pela simplicidade, pela ausência de competitividade e pelo prazer de estar juntos. A intimidade é experimentada na comunhão de pessoas. Não se trata do tipo de intimidade encontrada em consultórios terapêuticos, em que apenas o paciente fala e revela suas histórias e seus segredos, mas do tipo em que o outro também revela seus segredos e suas histórias. É esse tipo de amizade que Jesus propõe em João 15. Ele nos considera seus amigos e não servos, porque o servo não sabe o que faz o seu senhor, mas ao amigo tudo é revelado. É o que afirma Salmos 25.14: "O Senhor é amigo dos que o temem; ele lhes ensina sua aliança". Deus oferece sua intimidade aos que o temem e revela-lhes sua aliança, ou seja, seus segredos.

Uma experiência verdadeira de amor nos liberta de nós mesmos. Encoraja-nos a ser mais honestos. Ao participar da mesma natureza de amor, experimentamos a mesma natureza de confiança que o Filho desfrutou com o Pai, o que nos leva a alcançar uma nova segurança em Deus. E, por estarmos certos de que ele nos guarda e dirige, lhe entregamos nosso destino.

Resumindo, a partir da doutrina da Trindade, somos capazes de compreender que fomos criados à imagem e semelhança de Deus para uma comunhão eterna. Nossa maior dificuldade para entrar na comunhão trinitária e dela participar está na resistência em sermos transformados. Essa dificuldade afeta também todos os níveis de relacionamento. É impossível cultivar uma amizade pessoal e íntima com o cônjuge, com os filhos e amigos se não nos dispomos a permitir que essa amizade nos transforme.

Para construir uma experiência cristã de comunhão, precisamos de uma doutrina cristã de Deus. Sem compreender adequadamente a revelação de Deus a nós como Pai, Filho e Espírito Santo nas Escrituras Sagradas, corremos o risco de viver uma experiência cristã limitada, culturalmente manipulável e teologicamente vulnerável.

O ponto de partida para a vida em comunhão é, portanto, entender a união de que o Filho desfruta eternamente com o Pai, no poder do Espírito Santo.

2

O EVANGELHO DO REINO: RIQUEZA E DESAFIO

Valdir Steuernagel

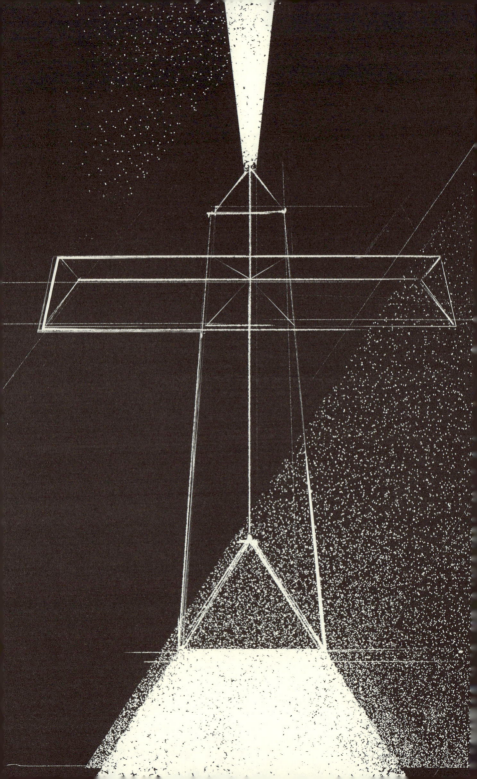

Ao falar dos evangelhos, falamos de Jesus. Sua vida e seu ministério. Suas andanças e encontros ocorridos à medida que ele aprofunda sua vocação. Jesus é o centro dos evangelhos. Aliás, *o tudo*. Está no centro e nos detalhes das diferentes narrativas, e sem ele não há o que narrar. Portanto, a proposta de mergulhar nos evangelhos significa encontrar Jesus, para que diante dele sejamos tocados e transformados em nossa humanidade.

Entre o mistério e a revelação

A pessoa de Jesus é um grande mistério e uma grande revelação. O tempo passa, gerações se sucedem e cenários mudam, mas a conversa em torno dele sempre desperta fascínio, interesse e respeito conforme surgem perguntas e decisões. O tempo não dá conta de absorvê-lo. Ele não envelhece. Como Jesus de Nazaré, ele está em sua casa local e cultural. Mas também está em casa nos espaços mais inimagináveis. Jesus é uma personagem tão presente em cada local e em cada tempo que se torna uma universalidade, o que não deixa de ser um mistério. O mistério da revelação. Ele é a presença local que se torna universal, e a expressão de sua universalidade se dá exatamente por sua absoluta localidade. Jesus veste todos os figurinos, expressa-se em todas as línguas, entra em cozinhas de todos os sabores e sorri todos os sorrisos sem jamais perder sua identidade. Uma identidade que faz florescer a nossa identidade. Jesus, então, é a nossa identidade.

Perguntas e decisões em torno de Jesus surgem onde quer que a igreja esteja presente e seu nome circule livremente num convite vivo para segui-lo. Mas isso também acontece em lugares onde placas e torres de igrejas são raras ou nunca existiram. O fato é que o nome de Jesus nunca esteve preso e limitado a torres e placas. Ele se faz presente das formas mais variadas e surpreendentes, ora por meio da menção de um turista, despertando curiosidade, ora por uma parte das Escrituras que chega inesperadamente às mãos de alguém, ora por um sonho que leva a pessoa a pronunciar o nome de Jesus como se fora alguém absolutamente íntimo e vital.

O nome de Jesus desperta diferentes e surpreendentes reações. Jesus é um grande mistério que atravessou o tempo. Um mistério que desperta em nós sede e fome e faz os olhos brilharem. Um mistério que revela exatamente aquilo de que mais carecemos: Jesus. Nessa descoberta da pessoa de Jesus há lugar até para a decisão de não o querer, o que sempre é respeitado.

O mistério em Jesus não consiste no que ele *esconde*, mas no que é *revelado* nele e acerca dele. Em Jesus, o mistério de Deus se torna carne e vive entre nós, "cheio de graça e de verdade" (Jo 1.14). O verbo da revelação é conjugado em sua encarnação, no passo a passo de uma vida que vai sendo identificada como o Jesus de Nazaré (Lc 2.52). Nesse mistério da revelação vamos descobrindo não apenas quem Jesus é, mas também aquele que ele chama de Pai, o Deus Pai, como somos convidados a chamá-lo, e assim experimentar quem ele é e o amor salvífico que ele nos reserva. O Jesus revelado é o Cristo enviado pelo Pai e que vai atraindo para o seu universo aqueles que o seguem. Pessoas que vão se tornando parecidas com Jesus à medida que andam com ele e com ele vão aprendendo a fazer parte da família da Trindade divina.

Cornélio e Pedro: visões e encontro

Uma fascinante narrativa desse mistério revelado é o que acontece com Cornélio, um capitão do exército romano que vivia em Cesareia, a capital romana da província da Judeia. O fato se dá após a ressurreição de Jesus, no contexto de uma igreja nascente e que precisa encontrar rumo e espaço à medida que suas fronteiras étnico-culturais, políticas e geográficas vão se alargando. A memória do Jesus histórico, de sua cruz e ressurreição é recente, e os discípulos procuram integrá-la em sua vida e na missão recebida. Isso os levará aonde nunca imaginaram ir e a envolver-se em algo com que jamais sonharam. Assim, a expansão das fronteiras da revelação de Jesus para além do espaço que lhes era familiar é um desafio fascinante e, ao mesmo tempo, assustador.

O relato de Lucas expõe a natureza desse drama ao confrontar duas visões que, para usar uma imagem apresentada pelo próprio Jesus, apontam para a realidade de um vinho novo que rompe odres velhos (Mc 2.22). De um lado, Cornélio tem uma visão que o orienta a buscar alguém em Jope chamado Pedro. De outro lado, Pedro tem uma visão em que seus parâmetros e barreiras são rompidos com uma palavra duríssima: "Não chame de impuro o que Deus purificou" (At 10.15). O próprio Pedro descreve a sua experiência com as duas visões:

> Vejo claramente que Deus não mostra nenhum favoritismo. Em todas as nações ele aceita aqueles que o temem e fazem o que é

certo. Esta é a mensagem de boas-novas para o povo de Israel: Há paz com Deus por meio de Jesus Cristo, que é Senhor de todos. Vocês sabem o que aconteceu em toda a Judeia, começando na Galileia, depois do batismo que João proclamou. Sabem também que Deus ungiu Jesus de Nazaré com o Espírito Santo e com poder. Então Jesus foi por toda parte fazendo o bem e curando todos os oprimidos pelo diabo, porque Deus estava com ele.

Atos 10.34-38

A história, porém, não acaba aí. Pedro ainda falava quando o Espírito Santo, tal como acontecera em Pentecostes na "escolhida" Jerusalém, desce sobre os ouvintes na "pagã" Cesareia, e eles falam em línguas e são batizados em nome de Jesus, como naquela ocasião (At 2.1-40; 10.27-48).

Essa história, marcada pelo mistério revelado em Jesus Cristo, continua até hoje. Um mistério marcado por visões e palavras que levam a locais desconhecidos e gestam encontros nunca imaginados. Um mistério impregnado pelo Espírito Santo, que faz brotar sons e expressões que não cabem em nenhuma gramática mas que sempre levam a um encontro com Jesus, que responde apenas: *"Siga-me"*. Não há outro jeito de conhecê-lo e vivenciá-lo senão ouvi-lo, recebê-lo e segui-lo. Seguindo-o, descobrimos quem ele é e qual a vocação da nossa vida.

A grande narrativa do evangelho: Jesus, o Cristo

Se a pessoa de Jesus continua a despertar interesse e admiração entre as mais diferentes pessoas e nos mais distintos lugares, também é verdade que as interpretações sobre ele variam enormemente, como já acontecia em seu tempo. Exemplo disso é o diálogo registrado em Mateus 16.13-14:

Quando Jesus chegou à região de Cesareia de Filipe, perguntou a seus discípulos: "Quem as pessoas dizem que o Filho do Homem é?".

Eles responderam: "Alguns dizem que o senhor é João Batista; outros, que é Elias; e outros, ainda, que é Jeremias ou um dos profetas".

A figura de Jesus era interpretada com base em figuras de notória referência no universo da cultura local. Assim como hoje, as pessoas o viam como um profeta, um santo, um líder de projeção ético-moral. Essa identificação, no entanto, não responde às perguntas, aos anseios e às esperanças alojadas no cerne da alma e latentes na busca por um significado histórico-transcendente para a vida humana. Por isso Jesus vai além da identificação popular ao personalizar a pergunta: "Quem *vocês* dizem que eu sou?". A resposta imediata vem de Pedro: "O senhor é o Cristo, o Filho do Deus vivo!". Jesus corrobora essa afirmação de identidade dizendo-lhe que o discernimento para tal formulação lhe foi dado pelo próprio Deus (Mt 16.15-17).

Jesus não é *mais um* personagem histórico a ser acrescentado ao rol dos que procuram trazer alguma melhoria à raça e à convivência humana. Jesus não vem trazer "melhorias", mas transformação. Jesus é o Cristo, o que significa deixar claro de antemão que "sua mensagem não é uma doutrina, mas nova criação da existência".[1] Ou, ainda: "Jesus é a única alternativa aos caminhos que predominam no mundo, não um complemento em relação a eles, nem mais uma opção".[2]

O que Pedro sabe lhe foi revelado, e é transformador: Jesus

[1] Dietrich Bonhoeffer, *Discipulado* (São Leopoldo: Sinodal, 2004), p. 24.
[2] Eugene Peterson, *O caminho de Jesus e os atalhos da igreja* (São Paulo: Mundo Cristão, 2009), p. 12.

é o Cristo que veio trazer vida nova e abundante para todo aquele que decidir segui-lo. A revelação da identidade de Jesus é um ato soberano de Deus. O próprio Jesus sabe que ela é tão significativa que Deus, o Pai, não a delega a ninguém. É uma revelação feita com prazer e como um ato de amor, conforme demonstrado no batismo de Jesus, pela voz do próprio Pai: "Este é meu Filho amado, que me dá grande alegria" (Mt 3.17).

O que surpreende não é apenas a revelação da identidade de Jesus como o Cristo, mas também a quem essa revelação é endereçada. Lucas retrata Jesus exultando no Espírito Santo e dizendo: "Pai, Senhor dos céus e da terra, eu te agradeço porque escondeste estas coisas dos que se consideram sábios e inteligentes e as revelaste aos que são como crianças" (Lc 10.21). Jesus é o mistério de Deus que se revela justamente àqueles que *não são* merecedores de nenhuma revelação, àqueles que, por sua posição sociocultural, são vítimas de "revelações" e grandes projetos dos que ocupam o poder. Eles recebem, veem e ouvem os segredos daquilo que Jesus chama de reino de Deus. Contrariando o senso comum, a revelação de Deus segue outra escala de valores e prioridades, pautada na absoluta soberania divina. Isso é tão surpreendente que faz o próprio Jesus exultar no Espírito.

O apóstolo Paulo fala dessa revelação que alcança os insignificantes e desprezados (1Co 1.28), trazendo à luz algo que Deus preordenou antes do princípio das eras e que só é discernido pela ação do Espírito que sonda todas as coisas, até mesmo as coisas mais profundas de Deus (1Co 2.7,10). Deus escolhe as pessoas simples e fracas, desprezadas e exploradas para que recebam a graça de discernir as coisas do próprio Deus e se tornem arautos daquilo que ele preparou em Jesus para todo aquele que nele crê (Jo 6.40).

Esse discernimento é alcançado quando seguimos Jesus, quando a vida é transformada e os passos são reorientados para viver segundo os valores do seu reino. Em outras palavras, só sabe quem é Jesus quem segue Jesus, e só quem segue Jesus discerne as coisas de Deus. Quem nos chama a segui-lo não é um Jesus popularmente identificado e qualificado, mas é o Cristo, o Filho do Deus vivo, revelado pelo Pai cheio de graça e verdade.

É essa simbiose entre Jesus, o Cristo revelado de Deus, e a resposta obediente ao seu chamado que faz vislumbrar e aceitar quem Jesus é e quem são aqueles que respondem a esse chamado com obediência: os seus discípulos. Bonhoeffer diz:

> O fato de Jesus ser o Cristo dá-lhe todo o poder para chamar e exigir obediência à sua palavra. Jesus chama ao discipulado não como ensinador e exemplo, mas em sua qualidade de Cristo, Filho de Deus. [...] Não há qualquer outro caminho para a fé senão o da obediência ao chamado de Jesus.[3]

Pode-se falar de Jesus de muitas maneiras, mas só quando ele é reconhecido como o *Cristo* se chega ao significado real de quem ele é de fato: Jesus de Nazaré, o Cristo encarnado. É ele quem nos chama a segui-lo.

Todavia, esse Jesus revelado como o Cristo não surge inesperadamente no cenário. Ao contrário, ele é bem anunciado e muito prometido. No entanto, embora se trate do esperado Messias, quando ele assim se apresenta, todo o conflito em torno dessa encarnação messiânica vem à tona; afinal, ele é apenas o "filho de José" (Lc 4.22), oriundo da desprezível Nazaré, de onde nada de bom poderia vir (Jo 1.46). Fosse ele

---

[3] *Discipulado*, p. 20.

o prometido Messias, por que agiria de modo tão estranho e inusitado, perambulando pelos povoados da Galileia sem ter sequer onde repousar a cabeça (Lc 9.58)?

Há, no decorrer da história, muitas abordagens sobre Jesus e muitas interpretações de sua configuração messiânica. No entanto, nem toda intepretação apresenta o desenho histórico do Jesus de Nazaré, e não existe outro Messias senão o Nazareno. É preciso ancorar bem isso e interpretar a promessa messiânica do Antigo Testamento a partir da vivência histórica de Jesus, pois é o Jesus histórico que interpreta a promessa do passado. Nenhuma outra seleção de anúncios proféticos pode ser usada como parâmetro para interpretar a pessoa de Jesus. Por isso é fundamental mergulhar nos evangelhos e beber das narrativas que evidenciam a historicidade da vivência e da atuação de Jesus.

Uma das narrativas mais eloquentes que estabelece essa ponte entre a promessa messiânica e a pessoa de Jesus está no Evangelho de Lucas. Certo sábado, Jesus se encontra na sinagoga, como de costume, e após a leitura do livro do profeta Isaías (61.1-2) anuncia "o restabelecimento de Israel, que acontecerá no fim dos tempos através do ungido por Deus".[4] E, para surpresa e escândalo dos seus ouvintes, ele afirma: "Hoje se cumpriram as Escrituras que vocês acabaram de ouvir" (Lc 4.21). "Lucas quer dizer que, na aparição pública de Jesus, em seu anúncio e em seus atos salvíficos, o livro de Isaías se cumpriu e com ele toda a Escritura. Agora, com a manifestação pública de Jesus, começa o futuro prometido. Agora é tempo de

---

[4] Gerhard Lohfink, *Jesus de Nazaré: O que Ele queria? Quem Ele era?* (Petrópolis: Vozes, 2015), p. 49.

plenitude."⁵ Uma "guinada messiânica" que descortina toda a ação histórica de Deus, nesse momento canalizada e visualizada em Jesus de Nazaré, o Cristo.

É especialmente o profeta Isaías que Jesus resgata na descrição do cumprimento messiânico. Um cumprimento que encontraria na periferia da sociedade do seu tempo (Nazaré, Belém, pequenos povoados da Galileia) e na cruz do Gólgota (o Messias como o servo sofredor) o seu *locus* maior e mais evidente. Esse seria o espaço para a gestação da experiência messiânica da restauração e da esperança que o próprio Jesus trazia e anunciava como o reino de Deus. Isso é explicitado no encontro de Jesus com dois discípulos de João, o Batista, que já se encontrava preso nas masmorras de Herodes, o Tetrarca (Lc 3.19-20). Os discípulos de João se apresentam como mensageiros da dúvida de seu mestre acerca da identidade do próprio Jesus. A resposta vem em ação:

> Naquela mesma hora, Jesus curou muitas pessoas de suas doenças, enfermidades e espíritos impuros, e restaurou a visão a muitos cegos. Em seguida, disse aos discípulos de João: "Voltem a João e contem a ele o que vocês viram e ouviram: os cegos veem, os aleijados andam, os leprosos são purificados, os surdos ouvem, os mortos são ressuscitados e as boas-novas são anunciadas aos pobres". E disse ainda: "Felizes são aqueles que não se sentem ofendidos por minha causa".
>
> Lucas 7.21-23

Nessa cena encontram-se a promessa messiânica articulada pelo profeta Isaías, o projeto de Jesus para cumpri-la em seu "programa de Nazaré" (Lc 4.18-19) e sua concretização

---

⁵ Idem, p. 55.

histórica no dia a dia de sua vida ministerial entre as comunidades por onde passava. O "tempo do favor do Senhor" estava se manifestando em Jesus e por meio dele. A promessa do passado profético se cumpria, e o anúncio do reino de Deus se transformava em realidade à medida que pessoas eram transformadas e a promessa de um novo futuro fazia-se real no cenário de um mundo cansado, violento e marcado pelo desespero. Um mundo que carecia do Messias e que agora testemunhava sua presença transformadora, mas que em muitos casos não transformou a relação com Jesus em seguimento, ao contrário, foi rejeitado e finalmente levado à cruz.

Mergulhar nos evangelhos é discernir os caminhos por onde Jesus andou, as pessoas que encontrou e o impacto que causou em seu tempo e espaço, para então descobrir-se chamado a segui-lo, por esses mesmos caminhos e do mesmo modo, ainda que em outro tempo e espaço. Eugene Peterson expressa isso de forma contundente:

> Seguir a Jesus implica abraçarmos um estilo de vida que recebe o caráter, a forma e a direção daquele que nos chama. Seguir a Jesus significa captar ritmos e modos de fazer as coisas que não são em geral proferidos por Jesus, mas sempre decorrem dele, formados por influência dele. Seguir a Jesus significa que não podemos separar o que Jesus diz do que ele faz e do modo em que ele o faz. Seguir a Jesus envolve nossos pés tanto quanto — ou talvez mais do que — nossos ouvidos e olhos.[6]

Ao dizer que *ele* é o caminho, Jesus aponta para uma diretriz: segui-lo é trilhar o mesmo caminho por onde ele andou. Um caminho que precisa ser discernido e abraçado a cada

---

[6] *O caminho de Jesus e os atalhos da igreja*, p. 34.

tempo e em cada lugar. Esse exercício fascinante e desafiador nos levará a vislumbrar a aurora do reino de Deus, como vivenciado e anunciado por Jesus. Esse é o caminho da promessa que se transforma em esperança e para o qual ele nos convida e desafia.

A grande reviravolta: o reino de Deus

Ao chamar para si a promessa messiânica, Jesus traça um roteiro surpreendente. A mensagem de que Deus está presente, importa-se com cada um e age em todas as dimensões da vida vai tomando forma. Trata-se de um Deus que vê e acolhe as pessoas com suas dores, rupturas e seus conflitos, transformando-as de forma ímpar e generosa. Abriga os solitários, abraça os feridos, abençoa as crianças, reintegra os excluídos, liberta os oprimidos, perdoa os pecados de quem o busca, tudo isso como expressão de que chegou o tempo prometido e o reino de Deus está próximo (Mc 1.15). Esse reino se configura como mensagem de denúncia e de esperança. Denúncia contra a velha ordem, em que as orações viraram espetáculo e as esmolas, performance, em que as palavras são destituídas de veracidade, os juramentos constituem um atestado de falsidade e a vingança vai deixando as pessoas sem olho e sem dente (Mt 5—7).

A vida, nessa velha ordem, expulsa os leprosos de suas comunidades, pois tornaram-se imundos diante dos "sãos" (Lc 17.11-14). O inseguro governante Herodes Antipas, representante do império romano na Galileia, não consegue conviver com as denúncias do pregador João Batista e acaba assassinando-o (Mc 6.17-28). Aliás, Jesus o caracteriza como uma insignificante raposa que não o impedirá de curar enfermos e expulsar demônios até que o seu tempo tenha chegado (Lc 13.32).[7]

Essa ordem em que reinam o sofrimento, a maldade e a morte desesperançada tem os seus dias contados. A presença e a ação histórica de Jesus já apontam para isso. A consumação dessa ruptura, no entanto, não acontece pela violência, mediante os instrumentos de poder da velha ordem, da qual ele mesmo é vítima, mas pelo amor sacrificial, quando a partir da cruz Jesus ora por perdão (Lc 23.34) e declara que está consumado (Jo 19.30). A ruptura com a velha ordem é delineada por Mateus de forma dramática, enigmática e assustadora, quando o templo e o tempo são "desconstruídos" e o espaço se abre para uma nova descoberta, a da verdadeira identidade de Jesus.

> Naquele momento, a cortina do santuário do templo se rasgou em duas partes, de cima até embaixo. A terra estremeceu, rochas se partiram e sepulturas se abriram. Muitos do povo santo que haviam morrido ressuscitaram. Saíram do cemitério depois da ressurreição de Jesus, entraram na cidade santa de Jerusalém e apareceram a muita gente.
>
> O oficial romano e os outros soldados que vigiavam Jesus ficaram aterrorizados com o terremoto e com tudo que havia acontecido, e disseram: "Este homem era verdadeiramente o Filho de Deus!".
>
> Mateus 27.51-54

Algo novo está nascendo.

Mais do que denúncia, porém, a mensagem é de esperança.

---

[7] Na literatura rabínica, a raposa é um animal insignificante comparativamente ao leão. Veja I. Howard Marshall, *The Gospel of Luke: A Commentary on the Greek Text* (Grand Rapids: Eerdmans, 1978), p. 571.

A esperança do reino de Deus que já se tornava uma realidade na história. Como uma semente de mostarda, diz Jesus, esse reino veio para ficar e tornar-se a maior de todas as hortaliças (Mc 4.32). Os sacerdotes que avaliam os leprosos já não acham neles mancha alguma (Lc 17.11-14). O desvairado pai de Herodes pode até matar todas as crianças em Belém, num gesto brutal de insegurança e apego insano ao poder, mas não pode enquadrar ou domesticar o reino de Deus (Mt 2.16-18). Ele não se enraíza na sociedade pelos meios comumente usados para controlar e dominar. Esse reino, que se torna realidade, consiste no próprio poder de Deus e não em meras palavras.

Assim, à medida que Jesus percorre a Galileia e assume sua vocação messiânica, o reino de Deus é anunciado e sinalizado (Mt 4.23-25). As multidões começam a experimentar quem Jesus é e a achegar-se a ele com suas necessidades, dores, agonias e esperanças. Jesus mergulha em seu ministério com "fogo em seu coração".[8]

O reino de Deus se manifestava de forma surpreendente. Já não era necessário ir ao templo de Jerusalém para buscar a Deus, nem sair ao Jordão para ser batizado por João Batista. Agora, "está chegando a hora, e de fato já chegou, em que os verdadeiros adoradores adorarão o Pai em espírito e em verdade". Jesus diz à mulher samaritana: "Sou eu [o Messias], o que fala com você!" (Jo 4.23,26). Era exatamente isso que as

---

[8] José Antonio Pagola, *Jesus: Aproximação histórica* (Petrópolis: Vozes, 6ª ed., 2013), p. 109. No capítulo "Judeus na Galiléia", Pagola destaca que Jesus desenvolveu seu ministério fundamentalmente na região da Galileia, na época governada por Herodes Antipas. O imperador romano arrochou o sistema de impostos sobre uma população majoritariamente pobre, com quem Jesus esteve na maior parte de seu ministério.

pessoas experimentavam quando Jesus as visitava, acolhia e transformava. Como diz Pagola: "É o próprio Jesus que percorre as aldeias convidando todos a 'entrar' no reino de Deus que está irrompendo em sua vida. Essa mesma terra onde habitam transforma-se agora no novo cenário para acolher a salvação".[9]

Os lugares onde Jesus anunciava e viabilizava a experiência do seu reino, como o fazia e o resultado visível, tudo isso era algo inimaginável e apontava para a natureza absolutamente distinta do reino de Deus, o qual conta com um Pai amoroso e que convida todos a uma nova experiência de vida. "Seu reinado não é para impor-se a ninguém pela força, mas para introduzir na vida sua misericórdia e encher a criação inteira com sua compaixão. Essa misericórdia, acolhida de maneira responsável por todos, pode destruir Satanás, personificação desse mundo hostil que trabalha contra Deus e contra o ser humano."[10]

Por ser absolutamente diferente dos reinos deste mundo, o reino de Deus é o da expectativa e da esperança. Trata-se de uma grande reviravolta, pois é gestado a partir de um espírito de serviço motivado pelo amor. Jesus se refere a isso com os discípulos ao estabelecer uma comparação entre a dinâmica do reino deste mundo e a dinâmica do reino de Deus, convidando-os a serem e agirem como ele (Lc 22.25-27).

O caminho para os discípulos está traçado, e a resposta é uma questão de obediência.

Para quem iremos?

Conhecer Jesus e aprender a pronunciar seu nome tem sido um contínuo convite no decorrer da história. Uma experiência

---
[9] Idem, p. 113.
[10] Idem, p. 126.

marcada por surpresas, exultações, decisões contraditórias e lutas externas e internas que alcançam até o fundo da alma. Ouvir as histórias de Jesus e entrar em suas conversas levam a uma decisão profunda e a pronunciar seu nome como a experiência mais significativa da vida. Hoje, o nome de Jesus é pronunciado com certa leviandade, atestando que nem todos têm um compromisso de vida com ele. O que Jesus busca é uma expressão que nasça da alma, brilhe no olhar, oriente os passos, habilite os braços para o abraço e sonhe com a eternidade.

Assim como Jesus percorria contínua e decididamente a Galileia do seu tempo, ele caminha, hoje, pelas nossas veredas externas e internas. Seu sorriso convidativo, seu olhar acolhedor e seu toque de esperança nos incentivam a segui-lo, a estar em sua presença. Nossa resposta determinará nossa relação com ele e o rumo de nossa existência, pois se trata de uma decisão para a vida toda. Os doze discípulos, mesmo com suas dificuldades para permanecerem juntos, enfrentaram esse desafio e um deles, diante da insistência de Jesus pela cruz, decidiu seguir por um caminho de morte. Outros seguidores também resolveram se afastar. Diante disso, Jesus pergunta aos demais discípulos se eles também querem deixá-lo, e é Pedro quem responde: "Senhor, para quem iremos? O senhor tem as palavras da vida eterna. Nós cremos e sabemos que o senhor é o Santo de Deus" (Jo 6.68-69).

É no universo dessa resposta que os discípulos vão aprendendo a seguir a Jesus, descobrindo cada vez mais intensamente quem ele é e que destino seguir. Ainda hoje é assim. Ouvir Jesus fascina! Vê-lo cativa! Mas o segredo é continuar a segui-lo, mesmo que nem sempre consigamos entendê-lo. O fundamental é estar sempre em sua presença. Jesus de Nazaré, o Cristo crucificado, o Senhor ressurreto ou o próprio

Espírito Santo são um na Trindade e nos chamam para, na riqueza da diversidade, sermos um com essa unidade, e jamais nos abandonam.

Depois da ressurreição os discípulos ainda relutam em aceitá-lo e comprometer-se com ele. Então, mais uma vez, Jesus vai até eles e anuncia sua presença com a saudação da paz. Olhando amorosamente nos olhos do titubeante Tomé, convida-o a tocar a marca que o Cristo ressurreto ainda carrega do Cristo crucificado. A resposta de Tomé a esse gesto de proximidade de Jesus diz tudo: "Meu Senhor e meu Deus!" (Jo 20.28). Essa resposta, que também se esperaria brotar de nossos lábios, só se dá com os olhos inundados de lágrimas e com o coração disparado. É a resposta que nos arranca da velha incredulidade para a nova alegria da confiança e imprime novo ritmo aos nossos passos até o apagar do último respiro. É a entrega a Cristo para sempre.

Como se as cortinas ainda não pudessem ser fechadas sobre essa cena sagrada, Jesus mira o futuro e pronuncia uma palavra que ressoa no tempo e na distância do espaço como um anúncio de pura graça: "Felizes são aqueles que creem sem ver!" (Jo 20.29). Agora seu olhar faminto por intimidade e fé alcança, não apenas Tomé, mas todos que, nos mais variados alfabetos, haverão de pronunciar essa descoberta: "Meu Senhor e meu Deus!".

A história ainda não terminou. O "siga-me" firme, amoroso e convidativo de Jesus continua a ecoar, com todas as melodias possíveis, no tempo e no espaço. Um "siga-me" com sussurro de eternidade.

3

A IGREJA É SEMPRE A IGREJA

Ricardo Barbosa de Sousa

Quero começar com uma declaração de sentido histórico e pessoal: Creio na igreja! Nosso ponto de partida no histórico é o Credo apostólico:

Creio em Deus Pai, todo-poderoso, Criador do céu e da terra. Creio em Jesus Cristo, seu único Filho, nosso Senhor, o qual foi concebido por obra do Espírito Santo; nasceu da virgem Maria; padeceu sob o poder de Pôncio Pilatos, foi crucificado, morto e sepultado; ressurgiu dos mortos ao terceiro dia; subiu ao céu; está sentado à direita de Deus Pai Todo-poderoso, donde há de vir para julgar os vivos e os mortos. Creio no Espírito Santo, *na Santa Igreja Universal*, na comunhão dos santos, na remissão dos pecados, na ressurreição do corpo, na vida eterna. Amém.

A igreja, na confissão mais antiga do cristianismo, é reconhecida como um objeto da fé cristã. Cremos em Deus Pai, em Jesus Cristo, no Espírito Santo, na remissão dos pecados, na ressurreição do corpo e na igreja e comunhão dos santos. O Credo apostólico não diz que a igreja é uma organização que nos ajuda a crer em Deus ou o lugar onde o povo de Deus se reúne para adorá-lo. O que o Credo afirma é que ela é um objeto da nossa fé, como o são Deus, o Pai, Filho e Espírito Santo. Cremos nela como cremos na remissão dos pecados e na ressurreição dos mortos.

Ao afirmar nossa crença na igreja, ela deixa de ser uma realidade distinta de nós para ser parte de nós. Paulo afirma que "todos nós fomos batizados em um só corpo pelo único Espírito" (1Co 12.13), ou seja, fomos batizados para dentro da igreja e nos tornamos parte de um corpo. A comunhão cristã é uma realidade ontológica, e não uma opção religiosa. É também uma confissão pessoal porque minha nova identidade, concedida pelo batismo, é profundamente vinculada à igreja. O batismo é o símbolo da conversão e um sacramento que me vincula ao Corpo de Cristo. Por meio de Cristo sou agora "povo escolhido, reino de sacerdotes, nação santa, propriedade exclusiva de Deus" (1Pe 2.9). Expressões como povo escolhido, sacerdotes e nação revelam que a identidade cristã é fundamentalmente eclesial. A conversão é a transformação do "eu" solitário no "nós" comunitário. A igreja não é apenas uma instituição, mas um "modo de existência", uma forma de ser. Crer em Jesus é também crer e pertencer à comunidade divina.

Somos tentados a pensar que a igreja do Credo apostólico é um evento espiritual e não diz respeito à comunidade real da qual participamos. Não encontramos no Novo Testamento um conceito de igreja que não seja visível, real, histórico, situado no tempo e no espaço. Toda igreja existe numa localidade, é frequentada por pessoas de carne e osso, enfrenta problemas reais e participa da vida de uma sociedade real. Para referir-se à igreja, o Novo Testamento usa a palavra grega *ekklesia*. Não se trata, no entanto, de um termo religioso, uma vez que era usada para descrever reuniões e assembleias que tratavam de assuntos públicos em uma cidade. Os autores do Novo Testamento tomam emprestada essa palavra para descrever a reunião do povo de Deus que trata dos assuntos do reino de Deus. Ela se refere aos que são chamados do mundo para fazerem parte da comunidade da fé. É por isso que somos "seres eclesiais", porque reconhecemos que nossa identidade não é fruto de conquistas pessoais ou profissionais. Nossa identidade em Cristo nos une a tudo que pertence a Cristo.

Crer na igreja significa reconhecer que fomos criados por Deus e para Deus. Fomos criados à imagem do Deus trino da graça. O Deus cristão não é a solidão do uno, mas a comunhão das três pessoas divinas: Pai, Filho e Espírito Santo, e porque Deus existe em si mesmo a igreja existe. Uma comunhão real e viva. Criados à imagem de Deus, existimos como Deus existe em si mesmo. Essa forma de ser é um caminho de relacionamento pessoal com Deus, com as pessoas e com a criação.

Outro sentimento comum consiste em achar que crer na igreja é, aparentemente, bem mais difícil do que crer em Deus. Digo "aparentemente" porque, para muitos, Deus permanece como uma realidade abstrata e subjetiva, e a igreja como uma realidade muito concreta e objetiva. Sabemos pela revelação bíblica que Deus é fiel, imutável, pleno de amor, graça e perdão. É justo, compassivo, misericordioso e paciente. Não mente. É leal e confiável. Aceita-nos, perdoa-nos e recebe-nos como seus filhos amados. Crer em Deus é bom, necessário e vital. Mas e crer na igreja? Comunidade de pecadores, infiéis, injustos, fofoqueiros, maledicentes, intolerantes, maliciosos, inconstantes, mentirosos, falsos e hipócritas. Lugar onde o amor é condicional, o perdão negociado, a paciência limitada, a aceitação somente entre os iguais. Como é possível crer em duas realidades tão distintas?

O problema é que não posso falar do amor de Deus por mim sem levar em conta o amor que tenho pelas pessoas. Não é possível compreender, nem experimentar o perdão de

Deus sem que esse mesmo perdão seja estendido a terceiros. Não consigo entender a fidelidade de Deus se a fidelidade não é, em alguma medida, o fundamento das minhas relações interpessoais.

Ouço, com frequência, crentes afirmarem sua fé em Deus e suas suspeitas em relação à igreja, sua confiança em Deus e sua desconfiança relativamente aos irmãos, sua esperança em Deus e sua desesperança na igreja e em seu futuro. Separamos Deus da igreja. Em um depositamos fé, no outro, suspeitas. Um é divino, o outro, humano. Podemos crer em um e descrer do outro. No entanto, o Credo que confessamos afirma que, se cremos em Deus, cremos também na igreja. A aliança de Deus é feita com o seu povo, não com indivíduos desconectados e avulsos. Deus e igreja são inseparáveis.

Dietrich Bonhoeffer afirma:

> Nossa comunhão não pode ser baseada naquilo que a pessoa é em si, em sua espiritualidade e piedade [...]. Nossa comunhão fraterna consiste unicamente no que Cristo fez por cada um de nós. E isso não é assim apenas no início, como se, no decorrer do tempo, algo fosse acrescentado a essa comunhão, mas assim será para todo o futuro e em toda a eternidade.[1]

A igreja é de Cristo, existe para Cristo e será no final julgada por Cristo. Cristo é o princípio e a norma da igreja. Não estamos nela porque gostamos, mas porque fomos salvos por Cristo, batizados em Cristo para dentro do corpo de Cristo.

Creio em Deus, e creio também na igreja. Creio num Deus justo, santo e perfeito, e também creio na igreja, no povo de Deus, salvo do pecado, reconciliado por Jesus Cristo, chamado

---

[1] *Vida em comunhão* (São Leopoldo, RS: Sinodal, 5ª ed., 2003), p. 16.

para abençoar as famílias da terra. Crer em Deus e na igreja não significa que ambos são da mesma natureza, mas que ambos fazem parte de um mesmo propósito. O Deus criador, o Filho redentor, o Espírito santificador, a encarnação, cruz, morte, ressurreição, igreja, vida eterna e céu fazem parte de uma mesma história, de um único plano divino. Não podem ser desconectados, divididos. Embora a igreja seja uma comunidade de pecadores redimidos, muitas vezes confusa, envolvida em disputas, rivalidades e competições, continua sendo o povo de Deus, a comunidade daqueles que, em Cristo, foram adotados como filhos de Deus.

É nessa igreja santa e pecadora que experimentamos a graça e o amor de Deus, e nos reunimos para adorá-lo e afirmar que Jesus Cristo é o Senhor. Não podemos amar a Deus se não amamos também os irmãos e irmãs. Não podemos compreender e provar as virtudes da fé que temos em Deus senão pela comunhão com a igreja. Perdão, confiança, reconciliação, paz, mansidão, compaixão, justiça, nada pode ser compreendido ou conhecido se não for na companhia de outros.

Não há descontinuidade entre Deus e a igreja. Quem ama Deus, ama sua igreja. Quando deixei de olhar para a igreja como espaço para minha realização pessoal e passei a aceitá-la como de fato é, uma comunhão de irmãos e irmãs que, como eu, buscam compreender a graça de Deus, percebi que não podia separar Deus da igreja. Precisava crer em um com a mesma intensidade com que cria no outro. Já não era possível separar. A igreja em sua relação comigo é diferente da igreja em sua relação com Cristo. Quando a vejo apenas em sua relação comigo, esperando que ela atenda às minhas expectativas e demandas emocionais, espirituais e afetivas, ela pode se tornar uma fonte de decepção e frustração. Porém, quando a vejo em sua relação com Cristo, reconheço que seu papel transcende minhas expectativas e contempla uma realidade bem maior. Toda incompreensão em relação à igreja nos leva a uma incompreensão acerca de Deus.

Crer na igreja é reconhecer a necessidade de que a verdadeira fé cristã só pode ser vivida comunitariamente. O individualismo é anticristão. Não há nenhuma possibilidade real de que uma fé solitária se sustente por si só, nem mesmo de que uma identidade deixe de reconhecer a comunhão e a interdependência. São Cipriano escreveu que "ninguém pode ter a Deus como Pai se não receber a igreja como mãe".[2] Em outras palavras, o reconhecimento de Deus como Pai significa participar da comunhão de seus filhos, em amor. A salvação é pessoal, mas não individual, ou seja, a conversão é a transformação do indivíduo em pessoa, do ser solitário em ser comunitário, o que foi expresso por Miguez Bonino da seguinte forma: "A reconciliação nunca é um fato puramente individual: tanto na igreja como no mundo, ela incorpora a totalidade das relações pessoais e estruturais.[3]

Creio em Deus, e creio também na igreja. Quanto mais amo Deus e provo de sua graça e perdão, mais a igreja faz sentido para mim. É ela que me mantém em contato com a realidade sobre quem Deus é, quem eu sou e como é o mundo onde vivo. A adoração, os sacramentos, a Palavra e a oração mantêm

---

[2] Cipriano de Cartago, "Sobre a unidade da igreja", disponível em: <http://www.ecclesia.org.br/biblioteca/pais_da_igreja/s_cipriano_sobre_a_unidade.html>. Acesso em 2 de dezembro de 2019.

[3] José Miguez Bonino, "O evangelho da reconciliação", em Valdir Steuernagel (ed.), *No princípio era o Verbo: Todo o Evangelho — CLADE III* (Curitiba: Encontrão Editora, 1994), p. 67.

meus olhos abertos para não me corromper com as ilusões do mundo e para seguir com fidelidade no caminho da fé.

As quatro marcas da igreja

As quatro características da igreja — una, santa, católica e apostólica — já se tornaram uma tradição do Credo apostólico porque nos ajudam a dar uma identidade mais clara e consistente à igreja.

A igreja é una. Precisamos aprender a falar da igreja, e não de igrejas. Em sua carta à igreja de Éfeso, Paulo diz:

> Pois há um só corpo e um só Espírito, assim como vocês foram chamados para uma só esperança. Há um só Senhor, uma só fé, um só batismo, um só Deus e Pai de tudo, o qual está sobre todos, em todos, e vive por meio de todos.
>
> Efésios 4.4-6

Podem existir milhares de denominações, mas existe apenas um corpo: o corpo de Cristo. Podemos ter formas diferentes de batizar, mas existe apenas um único batismo, que é o batismo de Cristo. Todo cristão confessa apenas um único Senhor, que é o Senhor Jesus Cristo, e crê num único Deus e Pai, que é o Pai de Jesus Cristo.

A unidade da igreja não é uma conquista humana, mas uma dádiva divina. Não somos nós que criamos a unidade da igreja. Cristo já a criou. Precisamos compreender melhor e mais profundamente o que Cristo já realizou e viver dignamente a realidade para dentro da qual ele nos chama. Quando compreendemos o que já foi feito, a resposta mais óbvia do povo de Deus é a unidade. Por isso Paulo nos exorta a um esforço diligente para preservar a unidade do Espírito no vínculo da paz.

A igreja é santa. Precisamos também aprender a usar esse adjetivo para reconhecer a igreja. Embora a palavra "santo" apareça no Novo Testamento quase sempre relacionada com a igreja e não com indivíduos, tendemos a pensar no indivíduo santo e não no povo santo. A igreja é o povo separado (santo) de Deus. Ela existe como expressão da presença de Deus na história. Pedro assim a identifica:

> Vocês [...] são povo eleito, reino de sacerdotes, nação santa, propriedade exclusiva de Deus. Assim, vocês podem mostrar às pessoas como é admirável aquele que os chamou das trevas para sua maravilhosa luz. Antes vocês não tinham identidade como povo, agora são povo de Deus. Antes não haviam recebido misericórdia, agora receberam misericórdia de Deus.
>
> 1Pedro 2.9-10

O Novo Testamento fala de um povo chamado para ser santo (1Co 1.2; Ef 1.4), cuja missão envolve o aperfeiçoamento dos santos (Ef 4.12), para viver na comunhão com os santos, suprindo suas necessidades (Rm 12.13; 2Co 9.1). As referências dizem respeito ao povo separado por Deus e para Deus.

J. I. Packer afirma que a santidade implica separação e contraste. Jesus diz que seu reino não é deste mundo (separação), mas se encontra no mundo (contraste). A igreja é santa porque é separada do mundo em que ela vive, mas não se trata de uma separação alienada, porque sua presença revela o contraste entre o reino de Deus e os reinos deste mundo.

A igreja é também católica. Em outras palavras, ela é universal. Envolve todo o povo de Deus, em todo lugar e em toda a história. Isso significa que a comunhão dos santos é histórica e universal, que a missão cristã e a mensagem do evangelho são para todos os seres humanos, em todos os lugares e em todas as dimensões de sua existência. Essa característica da igreja afirma a relevância e a necessidade do evangelho de Cristo para todos.

Reconhecer a catolicidade da igreja é fundamental para preservar sua multiplicidade e, ao mesmo tempo, sua unidade. A igreja procura realizar sua missão com criatividade, em diferentes contextos culturais. Somos diferentes em vários aspectos, mas todos nos submetemos ao mesmo Senhor.

A igreja é apostólica. Seu fundamento é a doutrina dos primeiros apóstolos. Paulo afirma que o mistério de Cristo foi revelado aos seus santos apóstolos e profetas, no Espírito (Ef 3.5). A fé entregue aos santos (Jd 1.3) constitui o fundamento da igreja: "o muro da cidade tinha doze pedras de alicerce, e nelas estavam escritos os nomes dos doze apóstolos do Cordeiro" (Ap 21.14). É comum ouvir críticas em relação aos textos do Novo Testamento daqueles que tentam desqualificar Paulo ou Pedro afirmando que o que importa é Jesus e o que ele ensinou. Segundo tais pessoas, Paulo, Pedro e outros fazem interpretações nem sempre confiáveis do ensino de Jesus. No entanto, é bom lembrar que Jesus mesmo não nos deixou nada escrito, e tudo que sabemos sobre ele nos foi revelado pelos seus santos apóstolos. A igreja é apostólica.

Essas quatro marcas precisam ser consideradas juntas, sempre. Elas formam um todo e oferecem a todos os cristãos uma identidade clara e firme. Precisamos superar nossas impressões pessoais limitadas e aceitar, junto com toda a comunidade cristã em todo tempo e lugar, essas características definidoras do povo de Deus. Não são minhas impressões, frustrações ou críticas que definem a igreja, nem mesmo os períodos confusos e difíceis por que passa o povo de Deus, mas aquilo que tem sido o testemunho bíblico e histórico da comunidade da fé.

As três dimensões da igreja

Além das quatro marcas, a igreja também apresenta três dimensões que devem ser consideradas como um todo: evangelical, sacramental e pentecostal. Somos tentados a olhar para elas de modo isolado e fragmentado, optando por uma delas como característica predominante.

A igreja é evangelical. Não é fácil definir o que é ser evangelical, mas algumas marcas históricas nos ajudam a identificar essa dimensão da igreja. O evangelicalismo defende, entre outros princípios, dois pontos fundamentais: a centralidade de Cristo na salvação e a autoridade das Escrituras Sagradas. Quando afirmamos que a igreja é evangelical, reconhecemos que seu fundamento teológico, ético, moral e espiritual está na pessoa de Cristo e na autoridade do texto bíblico.

No capítulo 1, vimos que o Pai e o Filho são um por causa da Palavra. Nós, discípulos de Cristo, participamos da comunhão com o Pai por meio do Filho por causa da mesma Palavra. Ser evangelical significa reconhecer que as Escrituras Sagradas e a obra redentora de Cristo estão organicamente relacionadas. Somos o povo da Palavra, orientados pela Palavra, cuja fé se sustenta na Palavra que nos une a Cristo e, por meio de Cristo, ao Pai.

Segundo Gordon Smith, "a afirmação da Palavra criativa de Deus é complementada pela impressionante afirmação da tradição teológica cristã de que a Palavra de Deus encontra sua expressão particular através da segunda pessoa da Trindade, o Filho, que é a Palavra e que se tornou a Palavra encarnada".[4] No prólogo de seu evangelho, João afirma: "No

---

[4] *Evangelical, Sacramental & Pentecostal: Why the Church Should Be All Three* (Westmont: Intervarsity Press, 2017), p. 54.

princípio, aquele que é a Palavra já existia. A Palavra estava com Deus, e a Palavra era Deus" (Jo 1.1), e segue com a declaração magnífica: "Assim, a Palavra se tornou ser humano, carne e osso, e habitou entre nós. Ele era cheio de graça e verdade. E vimos sua glória, a glória do Filho único do Pai" (Jo 1.14). A Palavra criadora tornou-se a Palavra redentora e recriadora.

Jesus Cristo é a Palavra encarnada, e as Escrituras Sagradas são o meio pelo qual a salvação é afirmada. A autoridade das Escrituras é essencial para o conhecimento de Jesus Cristo, que é, ele mesmo, a eterna Palavra de Deus. A igreja é evangelical porque se sustenta na centralidade de Cristo e na autoridade das Escrituras Sagradas.

A igreja é sacramental. Em uma entrevista feita com um jovem pastor, o entrevistador lhe pergunta se ele considerava a igreja um mal necessário. Sua resposta, para minha surpresa, foi afirmativa. Ele achava que, infelizmente, se tratava de um mal necessário, mas que era uma realidade que deveria mudar. Sei que a opinião desse jovem pastor não constitui um caso isolado. Muitos certamente concordam com ele. No entanto, é uma resposta que revela quanto temos nos tornado antissacramentalistas.

O batismo e a ceia do Senhor são os dois sacramentos que a igreja evangélica reconhece. Os dois dão identidade ao povo de Deus, descrevem a natureza da comunhão que existe entre o povo de Deus e a união do cristão com Cristo. Naquela mesma entrevista, o jovem pastor afirma que um pequeno grupo que se reúne numa casa constitui a igreja, e que muitas vezes um grupo assim é preferível a uma igreja. É aí que revelamos nossa tendência antissacramental. A igreja é formada pelos que foram salvos por Cristo e batizados por ele em seu corpo. Não somos nós que escolhemos, elegemos e selecionamos um pequeno grupo com quem teremos comunhão, mas sim Cristo. A igreja de Cristo não é formada pelas pessoas que eu escolho e convido para estudarmos a Bíblia, orarmos e compartilharmos. Isso é bom, necessário, mas não é a igreja. A igreja é formada pelo povo que Jesus chama, salva e batiza.

Da mesma forma, a ceia do Senhor simboliza a comunhão do povo de Deus, o povo que foi salvo por Cristo e batizado em seu nome, que é convidado pelo próprio Cristo para comer do pão e beber do cálice, celebrando sua morte e ressurreição e anunciando sua volta gloriosa. Os sacramentos preservam Cristo no centro da igreja. A teologia sacramental nos ajuda a reconhecer que a igreja não é uma espécie de clube ou associação cuja natureza e função são definidas pelos membros ou sócios. A igreja nem mesmo é o ajuntamento de cristãos para desenvolver e participar de algumas atividades religiosas. A igreja é o corpo de Cristo que manifesta a presença de Cristo entre nós e no mundo, e os sacramentos preservam essa verdade. Alguns cristãos, hoje, dizem que o batismo não é necessário porque o importante é ter Jesus no coração. Dizem também que a ceia do Senhor é meramente um rito, que o importante é ter comunhão com os irmãos. Ambas as ideias constituem uma desobediência grave e um caminho perigoso.

No batismo, afirmamos o senhorio de Cristo e a ele somos unidos por meio de sua morte e ressurreição (Rm 6.4). Na ceia do Senhor, celebramos sua morte e ressurreição em comunhão com nossos irmãos. Portanto, os sacramentos nos oferecem uma base sólida para a compreensão da natureza da igreja.

A igreja é pentecostal. A dimensão evangelical da igreja reconhece a centralidade de Cristo na obra da salvação e a autoridade das Escrituras Sagradas como única regra de fé e prática.

A dimensão sacramental estabelece o centro da igreja que é Cristo. Porém, nada disso seria possível sem a presença e o poder do Espírito Santo. John Zizioulas diz que é Cristo quem institui a igreja e o Espírito Santo a constitui. A diferença entre os dois prefixos (*in* e *con*) é de grande significado. Ao dizer que a igreja é instituída por Cristo, Zizioulas se refere ao fato de que a igreja é estabelecida por Cristo, existe para Cristo e será julgada por Cristo. O que ela confessa na adoração, como vive na sociedade e sua missão no mundo são histórica e normativamente estabelecidos por Cristo. Não fomos consultados sobre nada disso, tampouco temos liberdade de alterá-lo. A igreja, nesse sentido, é *in*stituída por Cristo.

Em contrapartida, a igreja é *con*stituída pelo Espírito Santo. É pelo Espírito que nos submetemos ao senhorio de Cristo e a ele respondemos em obediência e serviço. O Espírito Santo é o Espírito da comunhão. É ele quem torna possível o relacionamento horizontal, entre o povo de Deus, e o vertical, entre o povo de Deus e o próprio Deus. No Espírito, nós nos submetemos às Escrituras Sagradas, não como imposição, mas como resposta voluntária, como um dom do Espírito que nos é concedido. O Espírito é um com Cristo, e é ele que toma tudo que é de Cristo e o faz nosso, integralmente nosso, para que vivamos a vida de fé não como resultado de nosso esforço, mas como resposta ao dom do Espírito, que possibilita nossa comunhão com Deus e com os outros. Todo o conhecimento que temos de Cristo, a maneira como experimentamos e vivemos a salvação, como provamos de seu perdão e amor e atuamos no mundo cumprindo sua missão nos são possíveis pela ação do Espírito Santo.

Por instituição, a igreja é o corpo de Cristo e, por constituição, ela é a comunhão do Espírito Santo.

O desafio da igreja

O sociólogo Zygmunt Bauman criou a expressão "sociedade líquida", que oferece uma imagem muito apropriada para a cultura moderna. Ele se baseia em um princípio básico da física que distingue as moléculas da matéria nos estados sólido, líquido e gasoso. No estado sólido as moléculas estão fortemente ligadas entre si, vibrando em posições praticamente fixas. No estado líquido, as moléculas já não ficam tão próximas. Movimentam-se mais intensamente, deslizando umas sobre as outras. E, finalmente, no estado gasoso, as moléculas estão mais dispersas e separadas.

É uma rica metáfora sobre a sociedade contemporânea. No mundo moderno inexiste o sólido. A modernidade líquida corre, desliza e se movimenta rapidamente, desfazendo todas as estruturas sólidas, sobretudo os relacionamentos. Vale lembrar que, na linguagem bíblica, a água (enchentes, mares, inundações) é o símbolo do caos. A força da água é devastadora e destrói os elementos sólidos que encontra em seu caminho. Numa cultura assim, devemos perguntar se haverá espaço para a igreja. Como podemos sustentar a credibilidade cristã frente à superficialidade fluida das relações?

Diante da fragilidade da identidade cristã e da indiferença e do cinismo relativamente à igreja, nós, cristãos, somos facilmente levados pelas correntezas da cultura líquida. O desafio para a igreja é imenso. O medo da solidão, da alienação ou do anonimato nos paralisa e afeta a psique. A igreja, como povo de Deus, não é simplesmente uma organização religiosa ou um grupo de indivíduos desconectados. Somos chamados à comunhão porque a igreja é a comunidade em que o Espírito torna os relacionamentos possíveis, revelando por meio do povo de Deus os sinais do reino já presente entre nós.

Paulo é enfático quando diz que somos membros uns dos outros num único corpo, do qual Cristo é o cabeça. Ser membro do corpo é a única forma de afirmar e dignificar nossa singularidade. A igreja permanece como um espaço sólido no meio de uma cultura líquida, oferecendo esperança para um mundo que vem sofrendo com a força devastadora do caos. Contudo, precisamos crer na igreja, reconhecê-la como uma realidade estabelecida por Cristo, sustentada pelo Espírito e chamada para manifestar a graça redentora e reconciliadora de Deus no mundo.

A igreja é sólida porque permanece, independente de nós, edificada sobre "os alicerces dos apóstolos e profetas. E a pedra angular é o próprio Cristo Jesus. Nele somos firmemente unidos, constituindo um templo santo para o Senhor. Por meio dele, vocês também estão sendo edificados como parte dessa habitação, onde Deus vive por seu Espírito" (Ef 2.20-22).

4

A GRAÇA DO SILÊNCIO E A DISCIPLINA DA ESCUTA

Osmar Ludovico da Silva

O silêncio precede a palavra. O relato da criação nos conta que a Trindade interrompe o silêncio do caos, do nada, das trevas e do vazio com sua palavra: Haja luz. Deus Pai cria a partir da Palavra, o Logos, na presença do Espírito Santo. Surgem, então, o universo, as galáxias e, numa sucessão de outras palavras, o nosso planeta, com toda a beleza e ordem. Deus cria dia a dia, findo o qual faz silêncio até o dia seguinte.

No sexto dia, por seu amor transbordante, cria o homem e a mulher à sua imagem e semelhança, para que vivam eternamente em comunhão com ele e um com o outro. No sábado, ele para e silencia, numa pausa para celebrar e desfrutar o que havia criado. Todos nós somos o resultado dessa palavra primordial, palavra viva que surge do silêncio e busca o diálogo. Palavra que é semente de algo novo, pois foi também de uma semente, sêmen do nosso pai biológico, que fomos gestados no silêncio do útero materno.

O universo e tudo que nele há, a vida humana com todas as suas circunstâncias são frutos da graça e da providência divina. A Jesus Cristo, o Logos e a luz do mundo, pois, o nosso louvor e a nossa gratidão.

Na fala, o silêncio é a pausa entre uma palavra e outra, sem a qual não haveria comunicação possível. Na música, é a pausa entre uma nota e outra, sem a qual não haveria melodia, mas apenas um som. Na escrita, temos a pontuação: vírgula, ponto-e-vírgula, ponto final, de interrogação e exclamação, reticências, aspas, notas de rodapé. A beleza e a compreensão das palavras estão intimamente relacionadas com essas pequenas pausas.

O mandamento que desconsideramos

Quando o escriba pergunta a Jesus qual é o principal mandamento, ele responde:

"Ouça, ó Israel! O Senhor, nosso Deus, é o único Senhor. Ame o Senhor, seu Deus, de todo o seu coração, de toda a sua alma, de toda a sua mente e de todas as suas forças". O segundo é igualmente importante: "Ame o seu próximo como a si mesmo". Nenhum outro mandamento é maior que esses.

Marcos 12.29-31

Ouvir é o mandamento zero. Pois só é possível amar quando, antes, ouvimos que ele nos ama. Amamos porque ele nos amou primeiro. Nosso amor é sempre uma pálida e precária resposta ao grande amor com que fomos amados. No entanto, o profeta nos diz: "Filho do homem, você vive entre rebeldes que têm olhos, mas não querem ver, que têm ouvidos, mas não querem ouvir, pois são um povo rebelde" (Ez 12.2).

Não ouvimos porque estamos imersos em um mar de palavras. São pregações, estudos bíblicos, cânticos, reuniões e cultos sem pausa, sem pontuação, com palavras gritadas e amplificadas. Vivemos uma premissa equivocada de que Deus se manifesta no barulho, na euforia, no frenesi. Ficamos impressionados com longos sermões gritados em detrimento da qualidade e do conteúdo. A música litúrgica se distanciou da sublimidade que exprime o sagrado, o divino e o eterno. Enfatizamos a oratória, admiramos quem é carismático e criamos uma religião de muita cantoria, muita fala, muito palco, muito barulho e quase nenhuma escuta mais profunda.

Na ânsia por contextualização, nossas igrejas se parecem cada vez mais com casas de espetáculo, distantes da atmosfera que evoca o sagrado e gera o temor. De fato, não podemos expressar o divino com palavras ou músicas banais. A sensação ao entrar num templo é a de estar participando de um *show* em que a qualidade da música, a reverência e os espaços de silêncio tangenciam aquela beleza transcendente que um dia veremos no reino eterno do nosso Deus.

Assim vivemos de eventos, conferências, projetos, sermões, cantorias, reuniões institucionais, sem as pausas necessárias à profunda escuta interior. Uma atividade religiosa que não nos preenche, levando-nos, em vez disso, à busca de mais experiências sensoriais, mais barulho, mais novidades.

Oramos o Pai-nosso sem pontuação. As palavras passam sem criar raízes na mente e no coração. Ouvimos longos sermões cheios de autorreferências e frases de efeitos que nos impactam, mas algumas horas mais tarde voltamos a nos sentir vazios, à espera do próximo evento.

A dificuldade de ouvir

Podemos começar admitindo que não sabemos ouvir Deus, nós mesmos nem o próximo. Podemos começar conscientizando-nos de que o barulho, o frenesi e o ativismo não passam de vícios destrutivos, inimigos da nossa alma difíceis de abandonar. O ativismo religioso não nos preenche. Perdidos nessa agitação insana nós nos distanciamos da nossa realidade e da realidade um dos outros. Por fim nos sentimos sozinhos, sem amigos, cansados e adoecidos.

Só mesmo a disciplina do silêncio pode nos levar não apenas a ouvir a voz de Deus, mas também o coração de Deus. E, semelhantemente, aprender a ouvir o nosso coração e o coração do próximo. Trata-se, portanto, de uma disciplina do coração, de um convite à pausa, em vez de uma tarefa mental obrigatória. Trata-se de descer ao fundo do coração, ultrapassando a zona das preocupações, alcançando o abismo da alma até onde Jesus Cristo chama de "o secreto". Ali onde mora um desejo de transcendência, de sentido existencial e de pertencimento. Ali onde estão cordas ainda não tocadas de uma saudade imensa de um amor eterno e perfeito. Cordas que só Deus pode tocar.

Quando isso acontece, somos invadidos por uma terna e acolhedora presença que gera em nós uma alegria indizível e uma paz que excede todo entendimento. Somos tomados por um sentimento de espanto e alumbramento incapaz de ser descrito em palavras. Permanecemos em silêncio reverente face ao silêncio amoroso de Deus.

Num primeiro momento, o silêncio pode nos parecer aterrorizante. O temor de estarmos sós e abandonados nos paralisa. Então, na igreja, nos cercamos de muitos ruídos, de muita gente e muitos estímulos e atividades. Na televisão, programas de entrevistas e *reality shows* nos induzem à falsa sensação de proximidade e intimidade com gente famosa e bem resolvida. Na era da informação, a internet faz que nos sintamos conectados com o mundo, e no entanto, desde que as relações virtuais substituíram as relações pessoais, nunca nos sentimos tão solitários.

Aprender a ouvir — ouvir de forma presente, atenta e empática — é fundamental na experiência cristã. Ouvir com as entranhas, como Isabel ouviu Maria. Amar é saber ouvir presente e completamente. Ouvir é considerar, respeitar, validar. É entrar em contato com o mundo e as aspirações do outro. No entanto, saturamos o ouvido com ruídos, deixando de ouvir o essencial. Ouvimos os sons, mas não compreendemos o significado. As palavras já não nos tocam e temos, para usar a linguagem bíblica, um coração endurecido.

Precisamos aprender a desenvolver a capacidade de ouvir uma palavra que penetre o coração e ali permaneça como a semente que é recebida em terra arada e úmida. No seu tempo, ela germina, cria raízes, brota, dá folhas, flores até finalmente gerar o fruto. Um processo silencioso e sem pressa!

Há uma diferença entre ouvir e escutar. Ouvir remete ao *sentido da audição*, é aquilo que o ouvido capta. Já escutar significa *ouvir com atenção*, é compreender e entender o que ouvimos, é processar a informação internamente e ser afetado.

Tiago nos exorta a estarmos prontos para ouvir, sem pressa para falar e nos irar (1.19). Uma exortação que não é•fácil de obedecer, pois somos faladores compulsivos. Especialmente nós, crentes. E, muitas vezes, nossas falas intempestivas geram irritação e ira. Assim, invertemos o conselho bíblico e nos tornamos falastrões de pavio curto, mas péssimos ouvintes.

Não temos tempo para a espera e o silêncio, essenciais para viabilizar a escuta. Em razão disso, nossa fala tem pouca densidade e realidade, e muita superficialidade e irrealidade. Há muita pregação, cantoria, compartilhamento, longas orações, conselhos, muito barulho e agitação nos cultos e nas reuniões, mas pouco espaço para o silêncio. De fato, se uma oração não começar nas entranhas, no silêncio e na solitude, ela jorrará somente da boca para fora. É oratória religiosamente correta, e não fruto de uma experiência de intimidade com Deus, no secreto.

O resultado é que vivemos uma fé explicativa, discursiva e argumentativa, distante da realidade e do chão da vida.

Como falar é mais fácil que ouvir, tornamo-nos preguiçosos para ouvir. Enrolar, fingir que sabemos é mais fácil que confessar ignorância. Criticar é mais fácil que ouvir a crítica. Reclamar é mais fácil que ouvir a reclamação. Falar dos outros é mais fácil que ouvir o próprio coração falar de nós. Somos todos assim. Eu também. Não ouvimos Deus, o próximo nem o clamor do mundo. Quantas vezes nossa presença no culto é apenas física, enquanto a alma está distante, em outro lugar, ocupada com outros pensamentos. A alma é capaz de divagar, fantasiar, ausentar-se, distrair-se.

Precisamos começar admitindo nosso pecado: não sabemos ouvir, nem orar para nos tornarmos melhores ouvintes.

Ouvir Deus

Ouvir Deus é um tema recorrente no Antigo e no Novo Testamento: "Ouça com atenção, Israel, e tenha o cuidado de obedecer" (Dt 6.3). "Ó Israel, ouça esta palavra do SENHOR para você!" (Jr 10.1). "Quem é capaz de ouvir, ouça com atenção" (Ap 13.9). "Este é o meu filho amado [...]. Ouçam-no" (Mt 17.5). "Por isso o Espírito Santo diz: 'Hoje, se ouvirem sua voz, não endureçam o coração'" (Hb 3.7-8).

Dureza de coração significa incapacidade de ouvir. E, quando não ouvimos Deus, construímos ídolos e em seus lábios colocamos o que desejamos ouvir. Ao ouvir ídolos legalistas, intolerantes, mesquinhos, hedonistas, preconceituosos, assemelhamo-nos a eles tendo como justificativa teologias e ideologias equivocadas, fechadas, estereotipadas, rígidas e exclusivistas.

Precisamos ir às Escrituras e aprender com atitudes como a de Samuel, que se dispôs a ouvir o Senhor (1Sm 3.10), e de

Maria de Betânia, que silenciosamente se colocou aos pés de Jesus para ouvi-lo (Lc 10.38-42).

Ouvir uns aos outros

Também somos chamados a ouvir uns aos outros. Comunidade depende de comunicação, de escuta e de palavras claras e fáceis de compreender e assimilar. O ouvir e o ser ouvido criam a comunidade. Quando não sou ouvido e não ouço os outros, surgem os mal-entendidos, os ressentimentos, as incompreensões, os preconceitos, as inimizades. Quando deixamos de ouvir e de ser ouvidos, os relacionamentos desmoronam, especialmente na família, entre marido e mulher, pais e filhos. Casamentos que fracassam inevitavelmente tiveram problemas sérios de comunicação, de ouvir e de ser ouvido.

Na igreja aprendemos a ouvir um ao outro. Ouvir o que é diferente e assim abandonar a controvérsia teológica e a competição ministerial para nos encontrar como pessoas. Muita controvérsia teológica e luta pelo poder indica incapacidade de ouvir o outro. A controvérsia teológica estéril revela a dificuldade de fazer e manter vínculos de amizade, de aproximar-nos do outro para ouvi-lo, de encontrar o irmão, de discernir o corpo de Cristo e de perceber a fraternidade. Pastores ouvindo as ovelhas, adultos ouvindo os jovens, homens ouvindo as mulheres. E vice-versa.

Quando não ouvimos o outro, a voz dele é amplificada, e o mundo está gritando por amor e compreensão. O próximo vive num mundo diferente e precisamos de humildade para ouvir aquele que vive num universo distante do nosso. Pacificar e reconciliar significa levar duas pessoas a ouvir uma à outra. O mandamento de amar ao próximo se estende às pessoas que vivem fora dos muros da igreja. Convém aprender a também amar e ouvir o seu clamor.

Podemos começar reconhecendo que alguns de nós se encontram em uma bolha protetora. Só nos relacionamos com crentes, e nossa agenda de tempo livre é preenchida com atividades e convívio com pessoas da igreja. Lemos os mesmos livros, ouvimos as mesmas músicas, conversamos sobre os mesmos assuntos e evitamos o diálogo com o católico, com o espírita, com o ateu. Tornamo-nos surdos ao clamor do homem e da mulher sem Deus, surdos ao clamor dos povos não alcançados, surdos ao clamor dos pobres e dos necessitados.

Não ouvir é um sinal de desrespeito ao outro, pois com isso dizemos que não o consideramos digno de ser ouvido.

Só pela escuta empática e reverente somos capazes de entrar em contato com o universo, com as aspirações e dúvidas do interlocutor. Só assim perceberemos suas dores psicológicas e suas indagações existenciais, e só assim poderemos falar de um evangelho que vai ao encontro de suas necessidades. Este é o princípio da encarnação: aproximar-se, identificar-se, compreender e acolher para então poder falar e ser ouvido.

Quando não ouvir

Só devemos nos recusar a ouvir uma pessoa: o diabo. Essa foi a falha de Adão e Eva. Em vez de ouvir Deus, ouviram o diabo, com suas insinuações mentirosas de que poderíamos ser como Deus e de que a desobediência não traria consequências. O diabo está por trás de toda oralidade que nos afasta de Deus: a mentira, a maledicência, a linguagem chula e maliciosa, os insultos, as discussões violentas, as calúnias, as palavras destrutivas, as ironias humilhantes, os jogos de sedução e também o silêncio da indiferença.

Não podemos, no entanto, culpar o diabo por tudo. Em nosso coração residem vozes e atitudes destrutivas sobre as quais o Senhor Jesus Cristo nos alertou: "do coração vêm maus pensamentos, homicídio, adultério, imoralidade sexual, roubo, mentiras e calúnias" (Mt 15.19). É preciso entrar no silêncio e na solitude para prestar atenção à vida interior e pastorear os pensamentos. É preciso orar como o salmista: "Que as palavras da minha boca e a meditação do meu coração sejam agradáveis a ti, SENHOR, minha rocha e meu Redentor!" (Sl 19.14).

Deus nos chama a ouvir as Escrituras e depois orar, a ouvir o próximo e depois falar. Que o Senhor nos torne homens e mulheres capazes de desenvolver, pela prática do silêncio, essa virtude essencial de ouvir com o coração, pois a boca fala do que está cheio o coração.

O silêncio e a transformação do caráter

É no silêncio e na solitude do quarto secreto que fazemos contato com o desejo de sermos sondados e examinados por aquele que nos ama, que pode nos comunicar a verdadeira vida e indicar o bom caminho. Daí surge o convite para que ele desça no mais profundo da alma a fim de ajudar-nos a discernir a perdição e a morte que habitam em nós e a ouvir sua doce e bendita voz atraindo-nos para a luz da sua salvação, a beleza da sua justiça e a ternura do seu amor.

É preciso coragem para empreender essa viagem à mais profunda interioridade. No silêncio e na solitude, acompanhados pelo Espírito Santo, que sonda o nosso coração, entramos em contato com nossas contradições e confusões. Só quando alcançamos essas realidades humanas radicadas em nós é que somos capazes de também alcançar as realidades humanas dos outros.

No silêncio e na solitude, podemos enfim libertar-nos da tirania do fazer e do ter, e encontrar no ser a verdadeira identidade. O verdadeiro amor está além das tarefas e do desempenho, além do possuir, do acumular e do ter. Somos amados por Deus e acolhidos incondicionalmente em nossa inutilidade e pobreza.

É quando reconhecemos nossas frustrações, deficiências, carências, mágoas e fraquezas humanas que abrimos uma pequena fresta por onde penetra a luz da graça e do amor de Deus. Ele nos acompanha no mais profundo da nossa identidade, nos abismos da nossa interioridade, onde habitam os nossos pensamentos mais escondidos, um lugar de densas trevas onde ninguém além de nós é capaz de entrar. Perceber esses pensamentos não é uma tarefa mental, mas uma experiência de discernimento espiritual. São pensamentos recorrentes, mas não simples ideias. São sugestões passionais e avassaladoras que nos conduzem a ações precipitadas.

Paulo afirma que, ao querer fazer o bem, depara com uma força irresistível que o leva a fazer o contrário, ou seja, a fazer o mal que não quer. As Escrituras chamam tais pensamentos de paixões carnais. São desejos do mal, tentações que surgem do nada, que se apoderam de nós e nos conduzem a emoções e atitudes destrutivas. É o pecado que habita em nós, que age nas profundezas da alma, sem que tenhamos consciência, sem que percebamos essa dinâmica que nos vicia e nos escraviza no pecado. As paixões carnais, também conhecidas como o fruto da carne ou os pecados capitais, são as inclinações para o mal, como a vanglória, a inimizade, a discórdia, a impureza, a avareza, a gula, o homicídio, a mentira, a ira, a inveja, a preguiça, o roubo (Mt 15.19; Gl 5.19-21).

Na espiritualidade clássica, o pecado é visto como vício, isto é, começa suave e inadvertidamente. Em um primeiro momento, provoca uma sensação de euforia e bem-estar, e nos julgamos capazes de abandoná-lo a qualquer momento. Em um segundo momento, porém, sentimo-nos presos, dependentes e cada vez mais necessitados de uma nova dose. E assim vamos em uma escalada até finalmente compreendermos que ele é nocivo, nos faz mal e está nos matando. A questão é que não temos como sair dessa escalada. O vício se funde aos pensamentos secretos, ocupa os labirintos escuros da alma e se apodera de nós. Resvalamos no autoengano quando achamos que não é tão grave continuar na dependência, ou que somos competentes o bastante para deixar o vício na hora que quisermos, hora essa que vamos protelando indefinidamente, até ser tarde demais.

Reconhecer o vício é o caminho para deixá-lo. O exercício espiritual para nos libertarmos do vício implica não lutar com ele, mas admiti-lo na confissão e exercitar a virtude correlata que permite evitar e desfazer a dinâmica psíquico-espiritual dos hábitos, comportamentos, atitudes, padrões e reações viciadas. Os vícios são blocos que precisam ser removidos a fim de que surjam novos padrões de comportamento.

O arrependimento e a dolorosa desconstrução do vício representam uma nova maneira de pensar. Confissão não é só reconhecimento. Algo acontece no campo dos afetos. Judas confessou e se enforcou em seguida. Quando confessamos pecados específicos temos a absolvição legal, mas quando confessamos que somos pecadores as máscaras caem. Só na relação de afeto e amor temos coragem para admitir que somos pecadores. Só diante da face amorosa de Deus podemos processar a torpeza, dizer quem somos. Caso contrário nós nos escondemos, nos defendemos e nos tornamos fariseus. O verdadeiro amor de Deus lança fora o medo de sermos rejeitados, de modo que podemos dizer-lhe quem de fato somos.

É inútil lutar diretamente contra o pecado. O caminho é desenvolver a virtude capaz de ocupar o coração a ponto de o pecado já não encontrar espaço. Jesus ilustra essa verdade ao referir-se ao demônio que deixou a casa e, tendo-a encontrada vazia novamente, retorna sete vezes mais forte. A confissão é esvaziar a casa das tentativas equivocadas de suprir carências. O exercício espiritual é enchê-la com o amor do Pai. Depois de confessar seu pecado, Davi pede ao Senhor que crie nele um coração puro. Seu pecado da lascívia só poderia ser superado se ele cultivasse e desenvolvesse a virtude da pureza.

Só o bem pode vencer o mal. De nada adianta enfrentar e expulsar o mal se não enchermos a casa com o bem. No entanto, por várias razões deixamos de confrontar os padrões distorcidos, que permanecem nas trevas, numa agenda secreta da qual nos envergonhamos e com a qual não queremos lidar. Então, colocamos máscaras de bons cumpridores dos deveres religiosos, parecendo boas pessoas aos olhos alheios.

Assim a igreja se torna esse lugar de crentes bonzinhos. Aqueles que escondem suas mazelas são vistos como exemplos e aqueles que as expõem, como problemáticos. Isso faz de nossa vida pessoal e comunitária uma farsa, com a qual nos habituamos. No entanto, quanto mais essas paixões se escondem, mais poderosas e imprevisíveis se tornam, uma vez que agem como fantasmas surgidos do nada para assombrar-nos e em seguida desaparecer.

Em contrapartida, quando tomamos consciência delas, quando percebemos sua força e o estrago causado, somos capazes de compreender a salvação em Cristo Jesus, a reparação na cruz do Calvário. No silêncio e no secreto, somos então convidados a abrir a agenda secreta, admitir e confessar os pecados para sermos perdoados e prosseguirmos nesse combate sem fim entre o bem e o mal que habitam nossa alma. Mais que isso. Quando a luz invade as trevas e o mal já não age na clandestinidade, passamos a conhecer melhor o inimigo, suas artimanhas, seus estratagemas, suas mentiras, seus truques, suas manipulações, tornando-nos mais bem preparados para combatê-lo. Os antigos chamam esse exercício de combate de ascese.

Só no silêncio e na solitude do quarto secreto podemos descer no profundo da alma, adentrar com o Espírito Santo e com a luz da Palavra e vasculhar os cantos escuros onde se escondem forças inimigas incansáveis, com suas promessas de felicidade, mas que vêm para destruir e matar.

A fé cristã é o processo contínuo de mudança do modelo mental atrelado ao pecado. Arrependimento não é um evento isolado. A mudança de pensamento é um processo, um caminho com Cristo até Cristo. Começa com o homem caído sujeito às próprias paixões e vai em direção à perfeita estatura de Cristo. Um caminho sem volta e sem fim para nos tornarmos mais parecidos com ele. Caminho esse possível apenas para os que sondam e ouvem seu coração no silêncio e na solitude.

5

AS DISCIPLINAS ESPIRITUAIS

Osmar Ludovico da Silva

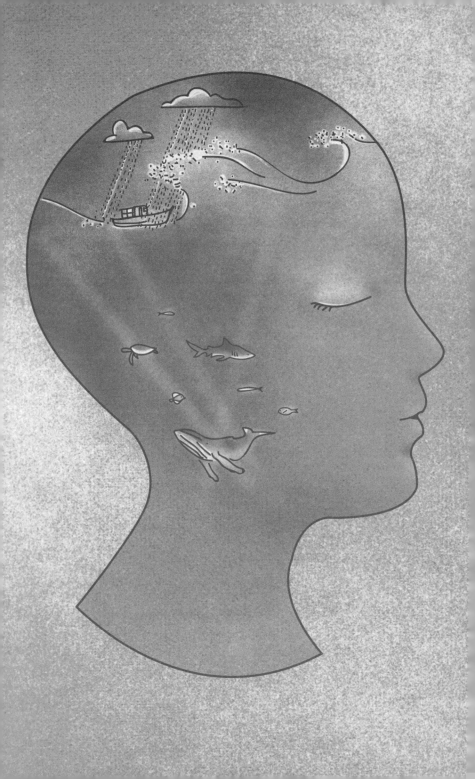

Disciplina quer dizer obediência a um conjunto de regras e normas, e sua origem é a mesma da palavra "discípulo", que significa aquele que segue. É uma dessas palavras com as quais a pós-modernidade tem enorme dificuldade, uma vez que exige obediência a requisitos preestabelecidos.

    Perdemos muito quando a indisciplina assume a primazia, pois o conceito de disciplina é essencial para a sanidade e o amadurecimento humano, tanto no aspecto físico quanto mental ou emocional. Costumamos resistir a regras recusando-nos a obedecer-lhes e a criar rotinas que as contemplem. Vivemos desregradamente, comendo demais e fora de hora, dormindo de menos, assumindo uma vida de sedentarismo, viciados em redes sociais, lidando mal com frustrações, alimentando hábitos nocivos e deixando de lado a leitura e a boa música. O resultado é uma sociedade adoecida, dos mais velhos aos mais jovens.

    A disciplina nos ajuda a viver melhor. Conhecemos os benefícios de uma vida sem excessos, com boa alimentação, exercícios físicos e bom sono. No entanto, a disciplina apresenta um ponto de inflexão a ser ultrapassado e um tempo de maturação. Se alguém sedentário e acima do peso resolver frequentar uma academia, certamente a primeira sessão de exercícios será um grande suplício. Mas, se começar com apenas alguns minutos diários, algumas poucas vezes por semana e criar uma rotina, logo poderá aumentar a carga e a periodicidade. Passado um período, o que antes era um suplício se tornará prazeroso, o corpo responderá cada vez melhor e a pessoa começará a experimentar uma sensação de bem-estar antes desconhecida. E, ao contrário, se por alguma razão abandonar essa prática, logo sentirá falta dela e voltará a observá-la.

Se a falta da disciplina física nos torna sedentários, obesos, adoecidos, lentos, sem energia, semelhantemente a falta da disciplina e dos exercícios espirituais nos torna moralmente preguiçosos e debilitados na fé, na esperança e no amor.

As disciplinas espirituais

As principais disciplinas espirituais — como a leitura e a meditação do Livro Sagrado, a oração, a contemplação, o silêncio, a solitude, a confissão, a simplicidade, o jejum, a prática das boas obras — estão presentes em quase todas as religiões. As disciplinas de modo geral envolvem um esforço consciente, intelectual e físico, e precisam de comando, orientação e técnicas. Já as disciplinas espirituais exigem, além dessas, receptividade interior e relaxamento.

Para nós, cristãos, as disciplinas espirituais requerem tudo isso e muito mais, pois elas se fundamentam no convite de Deus Pai, alicerçado em seu amor e em sua graça, na mediação de seu Filho na cruz, que perdoou o nosso pecado, na direção das Sagradas Escrituras e na iluminação do Espírito Santo. Trata-se, portanto, não de uma tarefa com base na capacidade humana, mas de um encontro com o divino, com o eterno, com o sagrado. Uma experiência espiritual, transcendente, irreproduzível, que afeta a consciência, os sentimentos, os sentidos e o corpo, e transforma o caráter à imagem daquele que nos criou. Vejamos com mais detalhes algumas dessas disciplinas.

Lectio divina. Expressão que vem desde a época dos pais do deserto, foi muito utilizada e praticada pelo monasticismo. Sistematizada pelo monge cartuxo Guigo II (1173–1180), sua prática baseia-se na ideia de uma escada. A subida sugere um encontro no alto, no monte de Deus, e a descida, um encontro nas profundezas, no fundo do nosso coração. *Statio* (preparação), *lectio* (leitura), *meditatio* (meditação), *oratio* (oração), *contemplatio* (contemplação), *discretio* (discernimento), *collatio* (compartilhar) e *actio* (ação) constituem os oito degraus dessa tradição milenar de ler a Bíblia. Passo a passo, em um movimento integrado e lento rumo ao topo, saboreamos cada etapa para, em seguida, descer ao vale, voltar ao concreto e ao cotidiano.

A *lectio divina*, que se tornou conhecida em nossos dias como meditação cristã ou leitura orante, é a arte de ouvir o coração de Deus.[1] Não se trata de estudo bíblico ou exegese, mas da leitura bíblica que nos conduz a uma experiência de encontro com Deus e de oração. Na leitura meditativa, a Palavra não é interpretada, mas recebida, uma palavra única, exclusiva, que nos ajuda a penetrar no segredo, que é Cristo em nós, que nos dá "a confiante esperança de participar de sua glória" (Cl 1.27). Não empregamos a "força de vontade" ou uma disciplina da ordem da razão ou do esforço; em vez disso, lemos a Palavra para que ela surpreenda e toque a alma a partir de uma revelação pessoal, dirigida pelo Espírito

---

[1] Veja Osmar Ludovico, *Meditatio* (São Paulo: Mundo Cristão, 2007), p. 17-20.

por meio de nossa intuição e imaginação, e de nossos afetos e sentimentos.

Ler a Bíblia meditativamente significa saborear as palavras, parando quando um texto nos toca, nos fala ao coração diretamente, nos fortifica. Significa permanecer com essa palavra enquanto ela gera em nós a alegria de viver, a segurança da presença de Deus, de sua salvação, de seu amor incondicional.[2]

Toda escuta mais profunda da Palavra pressupõe preparação — manter o corpo relaxado, a mente apaziguada e o espírito alerta —, consciência de quem estamos ouvindo e acolhimento dessa palavra com a mente e o coração, de modo a suscitar uma oração afetiva, pessoal, verdadeira e transformadora.

Isso não quer dizer que exista uma receita para ler a Bíblia meditativamente, mas, sim, sugestões. Já enfatizamos a importância da solitude e do silêncio, e de ouvir o convite de Jesus Cristo para entrar com ele no quarto secreto e fechar a porta (Mt 6.6), ou seja, sair do público e deixar de lado a rotina cotidiana, parar e descer no fundo da alma até aquele lugar onde mora uma saudade e um desejo do eterno, do sagrado e do divino.

Nos encontros do Projeto Grão de Mostarda, a *lectio* sempre acontece na primeira reunião da manhã após o desjejum, em silêncio. É o ponto alto do dia, ouvir a Palavra sem

---

[2] "Com a Reforma, rompemos com uma tradição permeada de equívocos, como a Inquisição, a venda de indulgências e um sacerdócio corrupto. Mas também perdemos muita coisa boa como os ensinamentos dos Pais da Igreja, as experiências dos Pais do Deserto, o legado da mística medieval e as práticas da Monástica. Ao enfatizar a compreensão racional das Escrituras, podemos acabar cortados de outras maneiras que Deus tem para falar conosco, mais intuitivas, que dependem mais da iluminação do Espírito Santo, o qual nos capacita a discernir a revelação divina" (*Meditatio*, p. 20).

intermediários, diretamente de Deus. Temos três períodos de dez minutos cada: *palavra esperada*, em que mente e corpo se aquietam, em silêncio, preparando-nos uma escuta mais profunda; *palavra ouvida*, leitura do texto bíblico para ouvir a voz do Senhor e, assim, meditar com a mente e o coração; *palavra respondida*, em que escrevemos a oração que a escuta suscita. Buscamos na poesia e nas metáforas de Salmos a inspiração para uma oração pessoal permeada de afetos e movida pelo desejo de sermos mais parecidos com aquele que nos ama, nos perdoa, nos acolhe, nos santifica e nos envia ao mundo como seus mensageiros.

Em seguida, lemos nossas orações em grupos de três pessoas. Sem analisar, julgar ou aconselhar, mas apenas acolhendo com reverência, sigilo, humildade e empatia o segredo do outro. Trata-se de um momento de comunhão em que nos alegramos com quem se alegra e nos entristecemos com quem se entristece. A atitude de respeito e amor permite que o outro seja ele mesmo e nos confidencie segredos de sua comunhão com Deus. A *lectio divina* é uma pedagogia para adultos, sem explicações dos mestres que participam do processo e dos grupos. Somos, assim, conduzidos a uma experiência de escuta profunda do coração, da Palavra de Deus e do próximo.

O exercício comunitário da *lectio divina* gera uma experiência concreta de leitura bíblica e oração, que pode se tornar uma disciplina regular na vida devocional pessoal.

A quem ouvimos

A Palavra de Deus não é um livro qualquer. "No princípio aquele que era a Palavra já existia" (Jo 1.1), isto é, desde o princípio Deus se revela, tem voz. Esse Palavra é a origem de tudo que foi criado, pois sem ela nada foi criado. A Bíblia designa

Deus, o Pai, que fala por meio da Palavra que se fez carne e habitou entre nós, ou seja, o Livro é voz de Deus, no sentido da oralidade, uma voz que transcende a palavra escrita, pois é palavra viva e encarnada. É uma palavra inspirada pelo Espírito Santo, que ilumina o leitor. O Cristo vivo fala conosco através dela e nos introduz na comunhão trinitária.

Geralmente lemos a Bíblia no passado: um Cristo histórico que age no seu tempo e fala com as pessoas da sua época. Embora tenha se tornado um livro de teologia, princípios, moral e estratégias, a Bíblia é um livro de biografias. Deus se revela no concreto, na vida de pessoas como nós, sujeitas às mesmas realidades humanas. É Palavra eterna, que se reatualiza e, portanto, não está presa no tempo e no espaço. Cristo fala conosco mediante sua Palavra vivificada pelo Espírito Santo. Fala com nossa humanidade, como falou com Abraão, Moisés, Paulo, Nicodemos, Zaqueu e a mulher samaritana. Nesse sentido, cada um dos personagens das Escrituras representa toda a humanidade. Deus falou com Moisés como quem fala com um amigo, e assim também a Palavra Viva e Encarnada fala conosco e propicia um encontro com o Amigo.

A leitura meditativa

Existem muitos métodos bíblicos de estudo, como por exemplo o indutivo, dedutivo, evangelístico, exegético, biográfico. Quase todos são frutos da produção mental, elaborados com o auxílio dos textos nas línguas originais, de comentários, dicionários etc.

Quando lemos as Escrituras apenas sob a ótica racional, nós nos assemelhamos à inteligência artificial, em que a informação é processada pelo acionamento de uma tecla. Apertamos a tecla de um versículo e tudo que temos armazenado, somado à pesquisa em comentários, surge na tela da mente. Uma inteligência artificial, previsível, sem criatividade.

Habituamo-nos a ler a Bíblia como alguém que devora *fast--food* ou comida industrializada. Mas a leitura meditativa, ao contrário, assemelha-se àquele que escolhe ingredientes frescos e naturais, cozinha-os cuidadosamente e então os saboreia, sem pressa. Para ler a Bíblia com o coração é preciso usar a lente dos afetos, da intuição e da criatividade, sem apertar teclas, fazer perguntas, usar filtros exegéticos ou dedução analítica.

Roger Sperry, vencedor do prêmio Nobel de Medicina em 1981, afirma que o cérebro possui dois hemisférios. O raciocínio lógico, a linguagem, o cálculo e a análise são próprios do lobo direito, enquanto o lobo esquerdo atua a partir da intuição, da imaginação, dos sentimentos, da síntese. A cultura ocidental enfatiza o lado esquerdo e tem um alfabeto com letras geométricas. A cultura oriental, com seus ideogramas simbólicos, tem seu lado direito mais desenvolvido.[3]

Sem o lado direito do cérebro não percebemos a beleza e a profundidade da poesia, das metáforas e dos símbolos presentes nas Escrituras. A meditação e o silêncio nos ajudam a aprender a ler as Escrituras e a orar com o lado direito do cérebro, embora isso não signifique abandonar o estudo da Palavra com o auxílio de comentários, de dicionários das línguas originais, da exegese e da hermenêutica. Eles se complementam para alcançar o coração.

O lado direito do cérebro nos permite a percepção clara e imediata de uma verdade e vai além da compreensão racional,

---

[3] Celeste Carneiro, "Lateralidade, percepção e cognição", disponível em: <http://www.cerebromente.org.br/n15/mente/lateralidade.html#Percep%C3%A7%C3%A3o>. Acesso em 3 de dezembro de 2019.

como um *insight*. O coração atinge a plenitude de uma verdade de forma diferente da razão ou do conhecimento cognitivo, analítico, discursivo, argumentativo. É como se, no mais profundo da alma, houvesse cordas intocadas e que só a voz de Deus é capaz de fazê-las vibrar, embalando-nos com uma música suave e inédita. Então, extasiados, percebemo-nos amados de forma incondicional, imerecida, irretribuível, imutável e infinita. As Escrituras são como cartas de amor de um Deus apaixonado por nós e que tudo faz para despertar em nós o desejo de também amá-lo. Assim compreendemos a analogia do Amante, presente na poesia de Cântico dos Cânticos e na parábola de Oseias.

Oração meditativa

Geralmente, quando ouvimos a palavra *oração* ou pensamos nela o que nos vem à mente é "pedir", numa relação interesseira com Deus, visando nosso conforto, nossa felicidade e a fuga do sofrimento. Assim a oração se torna uma lista de instruções e sugestões de como Deus deve cuidar de nós. Em reuniões de oração, é comum ouvir a pergunta: "Quais são os pedidos?". São raras perguntas do tipo: "Pelo que vamos agradecer?", "O que devemos confessar, lamentar ou consagrar?".

Não há nada de errado em pedir. Aliás, o Senhor nos ensina a pedir o pão nosso de cada dia. Mas é o pão *nosso*, no plural, o que implica que, se tenho pão e meu vizinho não tem, posso ser a resposta dessa oração ao dividir com ele o meu pão. Temo que grande parte de nossa vida de oração seja orientada pela ambição material, por isso não pedimos apenas pão mas todo o conforto material que a sociedade consumista nos sugere. Esquecemos que não precisamos pedir que ele cuide de nós materialmente, mas sim devemos pedir que ele nos conceda, como seus filhos, virtudes eternas como quebrantamento, humildade, santidade, compromisso, envolvimento missionário, simplicidade. A oração deve focar não o "obter", mas o "tornar-se". Certamente essa é a intercessão que Cristo faz por nós diante do Pai.

Oração é um meio de conhecer e amar Deus e de sermos conhecidos e amados por ele, não um meio para realizar desejos de conforto e alimentar ambições. Aprendemos a orar meditativamente com o livro de Salmos. Nele a oração é poética, pessoal, biográfica, afetiva, sem censuras, existencial, transformadora, além de apresentar diversos aspectos litúrgicos: invocação, louvor, ação de graças, confissão, intercessão, súplica, consagração. Oração que surge não de uma produção mental com palavras corretas e impostação de voz, mas como fruto da escuta e da intimidade com Deus.

Lemos no salmo 23 que o Senhor é nosso pastor e que nada nos faltará, e com isso entendemos que viveremos na fartura, na abundância e na prosperidade, bastando saber pedir. No entanto, uma olhada no contexto do salmo nos mostra que, embora não nos venham faltar pastos verdejantes, também enfrentaremos os vales da sombra da morte. Não faltarão amigos, mas tampouco inimigos. Em outras palavras, na experiência humana não faltarão saúde e doença, ganho e perda, alegria e tristeza, realização e frustração, virtude e pecado, bem e mal.

Quando oramos, não só temos acesso à eterna comunhão do Deus trino, como participamos dela. É resposta à oração de Jesus Cristo, que sendo um com o Pai deseja que sejamos um com ele (Jo 17.21). Orar é cultivar com ele um relacionamento de intimidade, em que o amor, por ser um mandamento, tem a primazia. Deus não espera que o busquemos apenas com o intuito de pedir, mas que cultivemos com ele um relacionamento de amizade. Deus é uma eterna comunhão de três amigos que deseja que nos tornemos amigos dele e que vivamos como amigos entre nós. A oração acontece no campo dos afetos, não da racionalidade ou dos sentidos. É movida pelo desejo e pela saudade da alma, que tem sede do Deus vivo (Sl 42.1-2). Todo o conhecimento acadêmico não necessariamente torna nossa alma apegada a Deus. São os afetos, o desejo e a saudade que inspiram a vida de oração, não a ansiedade por ter e fazer. Quem se percebe verdadeiramente amado por Deus e se relaciona com ele afetivamente tem poucas necessidades materiais. Só Deus lhe basta.

Como o Pai, Jesus Cristo também nos ama e nos deu a conhecer tudo que ele ouviu do Pai. Jesus nos ensina que o amor tem duas facetas: amar e contar, sentimento e revelação, amizade e transparência, querer-se e compreender-se, coração e mente, afetos e palavra. Em ambas, existe a recordação do Pai, a fonte e a origem do amor. Um amor que deseja se comunicar, deseja o encontro e o vínculo.

A oração surge quando, mediante as Escrituras, somos tocados pelo amor incondicional de Deus manifesto em Cristo e nos voltamos para o Pai numa relação de amor e amizade. Assim, ao longo da vida, conseguimos desconstruir as imagens não compatíveis com um Deus de amor, a quem podemos nos entregar sem reservas.

Todavia, como orar, como falar com alguém que nos conhece completamente, para quem não há segredos? O que dizer àquele que estava presente no dia em que fomos concebidos no útero de nossa mãe? O que pedir àquele que nos amou, assumiu nosso pecado e morte antes da fundação do mundo?

Embora possamos dizer quem realmente somos, sem máscaras, sem agendas ocultas, temos medo de nos expor, de falar de nossas mazelas e dilemas. Não confessamos os pecados porque tememos a rejeição ou a dura repreensão e o castigo. Essa é a realidade humana. Desde a infância, buscamos agradar com um bom comportamento, notas altas e bom desempenho. Tornamo-nos impostores diante de Deus. Nossa oração não revela quem somos de fato. Em Cristo, porém, cada vez que nos apresentamos em oração nós o fazemos confiadamente graças ao novo e vivo caminho propiciado pelo sangue de Jesus. A oração é sempre um momento para aprofundar a conversão, para clamar: "Senhor Jesus Cristo, tem compaixão de mim, pecador".

A oração não está divorciada da realidade, por isso podemos falar sem receio da confusão e da ambivalência interior. Em Salmos, vemos o homem em contato com a sua realidade humana. Em momentos de alegria e realização, ele louva, agradece e celebra. Quando em pecado, confessa, pede perdão e afirma não desejar perder a presença do Espírito Santo nem a alegria da salvação. Quando está triste, o salmista lamenta. Quando está irado, expressa sua raiva sem rodeios, chegando mesmo a pedir a morte de seus inimigos. Jonas ora em uma crise de pânico. Jeremias interroga Deus amaldiçoando o dia em que nasceu. Jacó luta corporalmente com Deus.

A oração e a vida se tornam uma só quando compreendemos o preceito bíblico de orar sem cessar. Ambas se fundem. Orar sem cessar significa fazê-lo inconscientemente, ou seja, a oração e os pensamentos se mesclam (Sl 19.14). A fé é vivida no cotidiano, na realidade da vida, portanto já não importa o que dizemos a Deus, e sim o que ele diz a nós e através de nós, para que as pessoas vejam em nós não um discurso mas a palavra viva, encarnada. Se o que guardamos no coração não estiver silenciosamente diante do coração de Deus, então é inútil abrir os lábios.

A oração é, portanto, um modelo mental, não só um evento. A vida se funde à oração, e a oração, à vida. O trabalho se torna oração, e a oração, trabalho. O lema *ora et labora*, a prática milenar beneditina, ilustra bem essa realidade.

Oração e transformação

Teologicamente, transformação é mais que mudança de forma. É *metanoia*, que nossas Bíblias traduzem como arrependimento. Trata-se de uma mudança interior, uma mudança do modelo mental, uma transformação do caráter. Uma tradução mais adequada seria "retorno". Quando Jesus clama "arrependam-se", poderíamos entender como "retornem", isto é, retornem a Deus e à sua Palavra, retornem ao mandamento de amar Deus e o próximo como a si mesmo. A redenção mediada por Jesus Cristo visa restaurar o projeto original de Deus na criação, homem e mulher criados à sua imagem e semelhança para viverem na terra em harmonia um com o outro e com a natureza.

A oração, portanto, tem por finalidade nossa transformação, e não fazer Deus mudar de opinião e agir em meu favor. Normalmente nossa oração se torna um monólogo, em que pedimos e Deus concede. Agimos como se Deus fosse um poder impessoal que promove nossa felicidade, sobre quem reivindicamos certo poder, por isso exigimos, decretamos, em lugar de unir-nos a ele em um diálogo íntimo. Cultivamos uma relação interesseira com Deus e não usufruímos seu amor.

Habacuque, por ocasião de uma crise moral de Israel, intercede a Deus por seu povo. A surpreendente resposta de Deus é que a situação pioraria muito com a iminente invasão de Nabucodonosor. Uma oração justa, bem-intencionada, que denuncia o mal e pede a intervenção de Deus recebe um sonoro *não*. Então Habacuque faz uma das mais lindas orações das Escrituras, que eu peço licença poética para parafrasear: "Ainda que o mal avance, que a escassez chegue à minha casa e a vida se torne insuportável, eu encontrarei minha alegria na companhia de Deus e celebrarei com louvores minha salvação" (ver Hc 3.17-18).

Deus é o esconderijo onde nada nos atinge. Nele encontramos força e coragem para permanecer e perseverar na fé, na esperança e no amor.

6

A DESCOBERTA E O ENCANTO COM O OUTRO

Silêda Silva Steuernagel

Havia neles outros prazeres que me seduziam ainda o coração: conversar e rir, prestar obséquios com amabilidade uns aos outros, ler em comum livros deleitosos, gracejar, honrar-se mutuamente, discordar de tempos a tempos sem ódio como cada um consigo mesmo, e, por meio desta discórdia raríssima, afirmar a contínua harmonia, ensinar ou aprender reciprocamente qualquer coisa, ter saudades dos ausentes e receber com alegria os recém-vindos. Destes e semelhantes sinais, que, procedendo do coração dos que se amam e dos que pagam amor com amor, manifestam-se em mil gestos cheios de prazer, como se fossem gravetos, inflamam-se os corações e de muitos destes se vem a formar um só. É isso que se ama nos amigos.[1]

Agostinho de Hipona

"O outro... descoberta... espiritualidade..." As palavras giravam em minha mente, sem conseguir se encontrar. Mas eu precisava juntá-las! Quem sabe, se pedisse ajuda a alguns dos mentores que ajudaram em minha formação espiritual: Dietrich Bonhoeffer John Stott, Hans Bürki, Eugene Peterson, Richard Foster, Henri Nouwen... A busca por esses livros me conduziu ao porão de casa, onde também se encontram alguns livrinhos que marcaram a infância de meus filhos e que

[1] Agostinho, *Confissões* (Petrópolis, RJ: Vozes, 25ª ed., 2011).

guardei para os netos. Foi assim, num momento de saudosismo, que reencontrei o clássico infantil *The Velveteen Rabbit* [O coelho de veludo], de Margery Williams, e me vi de novo imersa no mundo do faz de conta das crianças. Lá estavam dois brinquedos, o Coelhinho de Pelúcia e o Cavalo de Pele, um ainda novinho e o outro velho e remendado, fazendo a coisa mais comum do mundo: deitados lado a lado e batendo papo. Surpresa, balbuciei uma curiosa descoberta: "É o PGM!".

Aquela cena me lembrou algo ocorrido em minha casa há muitos anos, a época em que Valdir, meu irrequieto marido, se encontrava acamado, abatido por uma febre que insistia em voltar toda tarde. Sua quietude era uma cena inusitada e perturbadora. E foi a partir das visitas de Osmar, um amigo de longa data, que Valdir começou a se recuperar. Primeiro experimentando, juntos, um longo silêncio e, depois, travando proveitosas conversas, em que Valdir rabiscava suas folhas de papel amarelo com ânimo crescente. Ali nascia o PGM — Projeto Grão de Mostarda.

Ao rever a história dos personagens do livrinho infantil, dei-me conta do milagre ocorrido naquela ocasião. Dois amigos, um prostrado e fragilizado, o outro doando-se em presença fiel e compreensiva, juntos carregando a sede de respostas na presença de Deus, encontraram numa experiência de impotência compartilhada a semente de um sonho de vida a ser repartida com outros. Então, junto com mais dois amigos, surgiu a ideia de "deitarem-se lado a lado" com jovens líderes para ouvi-los, orientá-los e dividir aprendizados e trajetórias de vida.

Ali, no porão, perguntei-me se não estaria delirando ao enxergar o sagrado em um simples conto infantil. Mas decidi parar e ouvir Deus, pois ele sempre me surpreende com percepções inusitadas em meio ao burburinho do cotidiano, rompendo minha surdez e minhas limitações. "Se ele falou a Balaão pela boca de uma mula", pensei, "por que não me ensinaria por meio de um cavalo de brinquedo?"

Então, embora este seja um livro sério, escrito para pessoas adultas como você e eu, que levamos a vida a sério, quero convidá-lo a sair do sério por um instante e ouvir um pedacinho da história desses dois brinquedos. Quero convidá-lo a parar, aquietar-se e, na escuta, deixar-se surpreender pelo mistério. Como criança. Nosso Mestre fazia isso com os discípulos. Entre as tantas ocupações e as longas caminhadas, ele parava, sentava-se com eles e contava-lhes histórias. Parábolas. O mistério do reino de Deus lhes era revelado nas coisas simples do cotidiano. E, quando os viu discutir sobre qual deles seria o maior no reino dos céus, revelou-lhes o segredo: "Vocês querem ser grandes? Então, *tornem-se como crianças!*".

Quem sabe, ao ousar *ouvir como crianças,* também sejamos surpreendidos, como o foram os discípulos. Ou como o foi o menino Samuel, que ao ouvir uma voz desconhecida acabou descobrindo tratar-se de uma voz *real,* que aprenderia a discernir e a seguir durante toda a sua vida, tornando-se, assim, o porta-voz do Senhor para o seu povo.

Tudo começou com uma escuta.

Aquietar-se, parar e ouvir são valores fundamentais que devemos fomentar e aprender a praticar juntos, discípulos e mestres. Foi assim no PGM, uma longa caminhada de muitos anos de encontros em busca de uma espiritualidade saudável e integrada. Aprendemos a ouvir ouvindo o outro.

Aquietar-se, parar e silenciar são aprendizados que me levaram a cultivar a quietude para ouvir a voz de Deus. Parar a fim de aquietar-me. Silenciar a fim de ouvir, entre os prementes e inevitáveis ruídos do mundo, da mente e da própria alma, o cicio manso e amoroso da voz de Deus. Discernir, na escuta silenciosa e atenta, a orientação do Senhor em sua Palavra. Convido você, agora, a aquietar-se e "ouvir" um pouco da história do Coelhinho de Pelúcia e do Cavalo de Pele.

O Cavalo de Pele tinha vivido muito mais que todos os outros ali no quarto de brinquedos. Era tão velho que o seu revestimento de pele estava todo remendado e as costuras aparecendo, e quase todos os pelos do rabo tinham sido arrancados para enfiar continhas e fazer colares. Ele era sábio, pois tinha visto um monte de brinquedos mecânicos chegarem se exibindo e se gabando, e irem aos poucos se estragando e quebrando as molas. Ele sabia que não passavam de brinquedos e que jamais virariam outra coisa. Mágica de quarto de criança é muito estranha e maravilhosa, e só aquelas coisas de brincar velhas, sábias e experientes como o Cavalo de Pele sabem disso.

— O que é Real? — perguntou o Coelhinho de Pelúcia, certo dia, ao Cavalo de Pele enquanto os dois estavam deitados lado a lado, encostados na grade, antes que a babá chegasse para arrumar o quarto. — Real significa ter uns barulhinhos dentro da gente e uma chave aparecendo do lado de fora?

— Real não é como a gente é feito — disse o Cavalo de Pele.

— É uma coisa que acontece com a gente. Quando uma criança nos ama por muito, muito tempo, quando ela não apenas brinca com a gente mas nos ama *de verdade*, aí a gente se torna *Real*.

— E isso dói? — perguntou o Coelhinho.

— Às vezes, sim — disse o Cavalo de Pele, pois ele sempre falava a verdade. — Quando a gente é Real, não se importa se é machucado.

— E acontece assim, de uma vez, como quando dão corda na gente, ou é aos pouquinhos?

— Não, não acontece de repente — disse o Cavalo de Pele.

— A gente *vai se tornando*. Leva muito tempo! É por isso que geralmente não acontece com quem se quebra com facilidade ou tem bordas afiadas, ou com quem tem de ser guardado com muito cuidado. Geralmente, até que a gente se torne Real, a maior parte dos nossos pelos se gastou de tanto sermos amados, nossos olhos caíram e as molas já estão todas soltas e desmanteladas. Mas nada disso importa, pois quando se é Real a gente não é feio, a não ser para quem não entende.

Por que, com tantos brinquedos à sua volta, o Coelhinho de Pelúcia foi conversar justo com um velho e remendado? Por que não um brinquedo novo e moderno, daqueles que ao apertar um botão sai tocando as nossas músicas prediletas? A pergunta singela do Coelhinho sugere que ele já vinha observando o Cavalo de Pele. E sabia. Um brinquedo idoso que se deita ao lado de um brinquedinho inexperiente enquanto aguarda o momento de ser recolhido certamente não ignorará ou tratará o menor com desprezo se ele fizer perguntas bobas ou sem resposta. Então arrisca: "O que é Real?". A resposta vem com naturalidade, abrindo caminho para questões mais profundas e existenciais. Ao sentir-se ouvido, o pequeno ousa mais: "E isso dói?", "E acontece de uma vez?". O surrado Cavalo de Pele vai acolhendo as perguntas com respeito e realismo. Conta de amores construídos, sem esconder perdas e derrotas, e na conversa descontraída vai repartindo lições solidificadas no decorrer dos anos.

Não se nasce real, ele revela. Tornar-se real é um processo contínuo, difícil e demorado. A gente *vai se tornando*. Tornar-se real é resultado de muito amor, amor de verdade, aquele que doa e se doa a ponto de repartir pelos da cauda e abraços desajeitados. Para aprender a amar, nós precisamos do outro, e o outro de nós. Aí se começa a ser real, quando o faz de conta vai dando lugar à verdade, para ambos. Isso não acontece de repente. Leva muito tempo! Há na busca da amizade uma ponte-surpresa que é construída à medida que nos aproximamos um do outro. Ambas as partes precisam arriscar. Não se descobre o outro sem passar pelo delicado encontro entre a cautela receosa de cada um e o mistério que se esconde do outro lado. O primeiro intento do Coelhinho de Pelúcia acende uma faísca de curiosidade: o que será "essa coisa que acontece com a gente"? Para saber, é necessário chegar mais perto. A expectativa do novo mescla ousadia e receio, potencial de descoberta com risco de sofrimento: "E isso dói?". Para descobrir, é preciso ir além da curiosidade e aproximar-se mais.

Na verdade, não é muito diferente do que acontece em nossa relação com Deus. A intimidade com Deus é um mistério. Uma descoberta que acontece no cotidiano. O relato de Êxodo 3 mostra quão inusitada essa experiência foi para Moisés. Pastoreando o rebanho, algo lhe chama atenção no cenário costumeiro e monótono do monte Horebe. Não é incomum que arbustos ressequidos ardam sob o sol escaldante do deserto, mas aquele é diferente: está em chamas e não se consome! Impressionado, Moisés se aproxima e descobre estar penetrando um terreno misterioso e sobrenatural. Do meio da sarça vem uma voz, que o surpreende ao chamá-lo pelo nome! Em vez do fogo que queima e consome, vem um convite à intimidade. Mas esse convite estabelece limites: "Não se aproxime mais. [...] Tire as sandálias, pois você está pisando em terra santa" (3.5).

O ordinário tornou-se mistério. O extraordinário, terra santa. E é em terra santa que acontece a revelação: "Eu sou o Deus de seu pai, o Deus de Abraão, o Deus de Isaque e o Deus de Jacó" (v. 6). Ali se dá o encontro singular entre dois seres totalmente diferentes: o "Eu Sou", que busca e acolhe, e o "Quem sou eu?", que se rende em adoração reverente. O personagem mítico da historinha que os pais contavam agora se tornou um Alguém Real, que vem ao seu encontro e o chama pelo nome. Um Deus que vê e escuta o clamor do seu povo e desce para livrá-lo.

A partir desse encontro no deserto, os olhos de Moisés, o filho de escravos que "foi educado em toda a sabedoria dos egípcios e era poderoso em palavras e ações" (At 7.22), deixam de focar a si mesmo para focar o outro, para vê-lo com os olhos de Deus. A esse outro, o sofredor, o prepotente e impetuoso líder e juiz de outrora (Êx 2.14) é agora enviado como servo. Um libertador a serviço. Da relutância à obediência, inicia-se ali uma nova jornada, que trará riscos e exporá seus medos e suas fragilidades.

Para Moisés, retornar ao Egito é encarar a realidade de que ele já não é príncipe e deve convencer os escravos oprimidos de que é um deles e eles são o seu povo. Em vez do cetro do poder, Moisés leva consigo o cajado de pastor de ovelhas, agora transformado em vara de Deus para lembrá-lo constantemente de que está sujeito às ordens do Senhor soberano, a quem deve obediência. O desastrado justiceiro fugitivo, agora provado e fortalecido no labor do deserto, será usado pelo Senhor para caminhar com seus irmãos no deserto, rumo à libertação. Dessa experiência nascerá uma nova linguagem entre Moisés e seu povo, marcada pelo encontro e pela descoberta da intimidade com o Eu Sou, que a ele se revelou onde menos se esperava achá-lo. A partir de então, a presença de Deus — "Eu estarei com você!" — será uma garantia de vida repartida com o outro.

Construir relacionamentos é um passo rumo ao desconhecido. É como atravessar um rio profundo equilibrando-nos numa ponte provisória que se apoia num ponto invisível do outro lado. E se não for confiável? E se eu cair? E se me machucar? E se...? Mas há, lá adiante, algo que nos atrai. A confiança só prevalecerá sobre o medo se eu olhar para a frente e enfrentar o abismo que separa os dois lados. O Cavalo de Pele aprendera, na caminhada, que a verdade pode assustar, mas encará-la é fundamental para construir pontes confiáveis. Por isso ela precisa ser dita, sempre, e com respeito e sensibilidade em relação ao outro.

No decorrer dos anos, vimos muitos jovens chegarem ao PGM encantados com a perspectiva de conviver e ser mentoreados por "figurões" que admiravam por seus escritos, pelas conferências e palestras. Santo Agostinho conta como ele próprio vivenciou essa atração fantasiosa que move certos relacionamentos. Sobre seu ansiado encontro com Hiério, famoso retórico da sua época, ele diz: "Eu não o conhecia pessoalmente. Apenas o estimava pela brilhante reputação de ciência [...]. Era-me simpático sobretudo por agradar aos outros e todos o cumularem de louvores. [...] Aquele retórico pertencia à classe dos que eu amava tal como eu mesmo queria ser amado".[2]

Mas na convivência mútua esse deslumbramento desaparece e o mito se desnuda. No exercício da escuta, começam a ficar aparentes "os remendos por baixo da pele". Esse é o momento singular que eu gosto de chamar de "o nosso *Ndaba*". Trata-se de um costume africano em que alguém começa a contar uma história pessoal e, quando os demais percebem ser uma história importante, param seus afazeres para ouvir, com muito respeito e durante o tempo necessário ao relato. Terminada a história, se uma pessoa sentir algum tipo de conexão com sua própria história, começa a contar a sua. E isso pode levar vários dias.[3]

---

[2] *Confissões*, p. 95-96.
[3] Michael Mitton, *A Heart to Listen: Becoming a Listening Person in a Noisy World* (Oxford: BRF, 2004), p. 32.

Parar a fim de ouvir o outro com atenção e respeito é um dos pilares da nossa caminhada no PGM. O desafio de silenciar para ouvir Deus através da *lectio divina* é praticado na escuta respeitosa uns dos outros. Grupo após grupo, muitos "brinquedos" que chegam altivos, exibindo-se e fazendo barulhinhos assim que alguém lhes dá corda, vão aprendendo a aquietar-se, ouvir e silenciar diante de Deus e do outro. O outro, o diferente de nós, passa de ameaça e curiosidade a mistério. E mistério é sagrado. Diante do mistério, silenciamos. E escutamos. Aqui começa a descoberta e o encanto pelo *real*. À medida que mentores e discípulos "deitam-se lado a lado" e começam a conversar, os títulos pomposos e simbólicos do início vão dando lugar a "mestres", depois "queridos mestres", até que se tornam simples nomes próprios com apelidos divertidos e carinhosos. É nesse momento que ocorrem testemunhos como este, referente ao mentor: "Quando vim para o PGM, queria ser como ele. Agora que o conheço, não quero mais ser como ele. Quero caminhar com ele".

A intimidade vem com a descoberta. Mas antes de descobrir o outro, precisamos ousar descobrir-nos, tirar a própria cobertura. Despir-nos das aparências é um processo contínuo e desafiador, e só acontece sob o manto da verdade. Como revela o Cavalo de Pele: "Não acontece de repente. A gente vai se tornando. Leva muito tempo". O fato é que precisamos um do outro para tornar-nos reais. Desde o princípio foi assim. Deus nos fez seres relacionais, que precisam ser auxiliados e correspondidos (Gn 2.18,20) para que o viver seja pleno e bom.

Na narrativa da criação, em Gênesis, a descoberta do outro é marcada por uma explosão de alegria: "Esta é osso dos meus ossos, e carne da minha carne! Será chamada 'mulher' (*isha*) porque foi tirada do 'homem' (*ish*)" (2.23). Esse encontro de diferentes que se complementam é descrito com um detalhe significativo: "o homem e a mulher estavam nus, mas não sentiam vergonha" (2.25). Eram reais. E assim foi até que acreditaram na falácia de que poderiam ser o que não eram: ser como Deus. Quando "perceberam que estavam nus" (3.7), veio o medo. A nudez tornou-se empecilho para a intimidade e a convivência mútua. Então o próprio Deus vem ao seu encontro e, no diálogo transparente, confronta-os e mostra-lhes que o ato praticado terá consequências. Curiosamente, porém, em vez das frágeis folhas com que haviam tentado cobrir sua nudez, Adão e Eva saem desse encontro vestidos com roupas de pele feitas pelo próprio Senhor Deus (3.22). Juntos e com a oportunidade de um novo começo.

Ouvir é a mais profunda expressão do amor que se doa e provê espaço para o outro ser. Descobrimos a riqueza que os outros nos trazem e assim nasce o acolhimento do coração e a hospitalidade da escuta, que é semente de vida. Foi isso que eu vi acontecer naquele longo mês de agonia do meu esposo: a presença fiel de um amigo prodigalizando tempo e espaço para o outro. Vi o efeito curador da amizade afetuosa e partilhada com verdade, respeito e transparência entre dois homens que ousaram ser reais e, juntos, ouvir Deus e o outro num momento difícil. Do dar e receber praticados no silêncio e na escuta entre duas pessoas de naturezas completamente opostas, vi surgir restauração e o húmus fertilizador de uma semente que cresceria e se fortaleceria nutrida no compromisso e na vocação de acolher outros.

Ouvir histórias de vida coloca-nos diante do espelho da nossa própria história. Quando nos calamos para ouvir o outro, tão "humano como nós" (Tg 5.17), memórias silenciadas pelo tempo podem despertar e revelar segredos preciosos, como ostras que se abrem e revelam tesouros ocultos. Em algumas, o minúsculo grão de areia transformou-se, com o tempo, em uma pérola perfeita e de rara beleza. Já em outras, os grãozinhos permaneceram incrustados e, como feridas atrofiadas, tornaram-se pérolas rudes e disformes, prisioneiras de histórias nunca tratadas. "Costuras por baixo dos remendos" que preferiríamos esconder por serem dolorosos demais para revelar, mesmo num contexto de transparência e afeto.

A alma do outro é um mistério que precisa ser resguardado. Quando o mistério é arrombado ou vaza inesperadamente, a história precisa ser hospedada em lugar seguro e os sentimentos, tratados com sensibilidade e respeito. Um lugar onde haja tempo de calar e tempo de falar, tempo de chorar e tempo de rir, tempo de prantear e tempo de dançar. Uma hospedagem reservada, em que a palavra compartilhada transite segura entre o conhecimento sólido e a humanidade sem máscaras, e onde a escuta seja capaz de acolher os ruídos da alma apontando caminhos de restauração.

Há, na hospitalidade da escuta, um protagonismo que se nutre na vocação, na obediência a Deus e na percepção do outro. A vocação para hospedar a alma e o coração do outro desafia constantemente o ego, pois coloca-nos na posição de servos, e não de senhores (Jo 13.1-17). Essa escolha nos coloca numa zona perigosa em que espaço de serviço e pedestal de glória se confundem.

Minha vocação foi forjada nessa ambivalência capciosa que envolve o falar e o ouvir. Enquanto o uso fácil da palavra me escancarava portas para a visibilidade, a facilidade de ouvir as pessoas sempre me conduzia a esconderijos alheios e isolados. Segui o caminho das Letras e, no exercício da profissão, descobri que, para comunicar e comunicar-me com significado, antes de *falar* eu precisava *ouvir*. Essa descoberta direcionou minha vocação. Deus me presenteou com um dom cuja riqueza e contribuição maior residem no silêncio e no respeito ao outro, um dom que busco praticar com diligência e fidelidade para honrar o Autor do livro da vida.

Assim também o Cavalo de Pele não manda o Coelhinho recolher-se ao seu lugar, nem se isola no seu canto. Em vez disso, encosta-se na grade ao lado do outro e começam a conversar. É assim, na conversa descontraída "enquanto aguardamos a arrumação do quarto", que vamos nos conhecendo: perguntas constrangidas do outro, histórias que jazem sob nossos remendos, como é amar e ser amado até a exaustão, o apego desastrado que arranca pelos do ser amado para fazer enfeite... Prazeres e machucados que vão nos tornando reais com o passar do tempo.

"E os barulhinhos...?" Ah, os barulhinhos! Eles não são reais, não resistem ao tempo. O velho Cavalo alerta seu inquiridor contra brinquedos que se exibem, que machucam ou se quebram com facilidade e que nunca irão além das aparências e dos ruídos produzidos. Revela o segredo dos que resistem às provas e tornam-se sábios, não pela ostentação, mas pela experiência. Nesse compartilhar transparente, olhos caídos, molas soltas e pelos arrancados para brincar revelam-se dádivas de amor no cultivo da relação. Aqueles brinquedos que resistem ao teste, diz o Cavalo, envelhecem, desbotam e vão se desmantelando com o tempo. *Mas nada disso importa, pois quando se é real a gente não é feio, a não ser para quem não entende.*

7
FAMÍLIA: FONTE DE ALEGRIA E SOFRIMENTO

Isabelle Ludovico

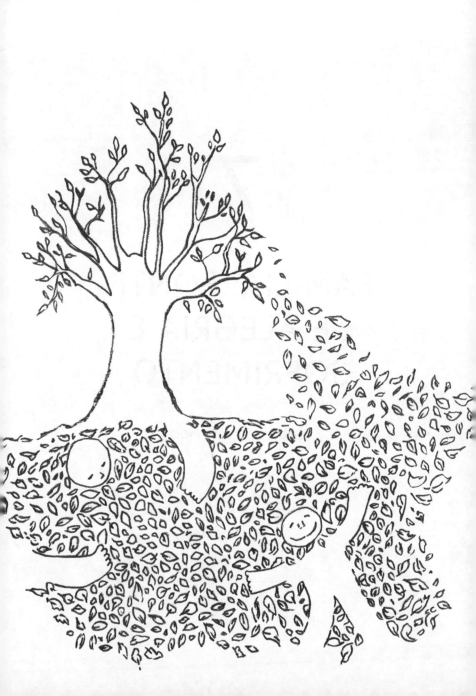

A família é *projeto de Deus!* Enquanto os animais conquistam rapidamente sua autonomia, o ser humano nasce dependente física e emocionalmente. Até Jesus vivenciou todo o processo de formação! Passou pelo parto, foi amamentado e teve as fraldas trocadas.

A família foi instituída antes da Queda, porque a essência do ser humano, criado à imagem da Trindade, é relacional. No lugar de ser *com* Deus, o ser humano escolheu ser *como* Deus! O conhecimento tornou-se ambivalente: construímos UTIs, mas também armas atômicas. Cada ser humano reflete essa ambiguidade de *luz e sombra*: luz por sua herança divina — a capacidade de amar, refletir e criar — e sombra por receber, desde o útero, feridas que gerarão mecanismos de defesa. Ferimos a nós mesmos e ao outro a partir de estratégias que desenvolvemos para ser amados ou para proteger-nos dos outros. Da mesma forma que não existe ser humano perfeito, não existe família perfeita, pois toda família tem a luz da herança positiva de seus membros e a sombra das distorções não confessadas transferidas de geração em geração.

O nosso primeiro universo é o útero materno. Nossa vida depende inteiramente de outra pessoa, que nos proporciona a formação física e nos comunica se somos bem-vindos ou indesejados. Com a maturação biológica e a consequente diminuição do espaço, somos expulsos dele. Vamos conquistando gradativamente novos espaços de autonomia: primeiro com a respiração, depois com a capacidade de caminhar, num movimento que oscila entre o equilíbrio e o desequilíbrio. Se para andar com as próprias pernas precisamos de chão firme sob os pés, para alcançar o amadurecimento precisamos do chão composto de *afeto, pertencimento e encorajamento*.

A dependência física é acompanhada por uma dependência emocional. *A família é o útero social*. Nela o indivíduo vai se percebendo e desenvolvendo suas aptidões mediante os vínculos que constrói. Desde a gestação, somos depositários de projeções dos membros da família. Primeiro, somos uma criança imaginária. É importante desembaralhar as motivações da gravidez: exercer a paternidade e maternidade, salvar o casamento, preservar um patrimônio, substituir um filho que morreu, agradar os avós, atender à pressão social? Desejava-se um menino ou uma menina? A escolha do nome revela algumas dessas projeções. Ele já existe na família? Que características são atribuídas a essa pessoa? Qual é o seu papel?

O feto capta as emoções da mãe e o clima afetivo. Na crônica *A descoberta do mundo*, Clarice Lispector compartilhou:

> Minha mãe já estava doente, e, por uma superstição bastante espalhada, acreditava-se que ter um filho curava uma mulher de uma doença. Então fui deliberadamente criada: com amor e esperança. Só que não curei minha mãe. E sinto até hoje essa carga de culpa: fizeram-me para uma missão determinada e eu falhei. Como se contassem comigo nas trincheiras de uma guerra e eu tivesse

desertado. Sei que meus pais me perdoaram por eu ter nascido em vão e tê-los traído na grande esperança. Mas eu, eu não me perdoo.[1]

Física, afetiva e intelectualmente, toda criança é comparada com sua família. Semelhanças e diferenças são exaltadas ou negadas. Até comparações positivas podem ser um fardo se não refletirem a personalidade real da criança, que as usará como máscara a fim de ser amada. Identificações negativas fragilizam a autoimagem, enquanto outras qualidades físicas, afetivas, intelectuais ou artísticas acabam sendo ignoradas ou até reprimidas. Pais mutilam os filhos ao dirigir-lhes frases como: "Você não tem jeito!", "Você estraga tudo!", "Não dá para confiar em você!".

Além de assimilar inconscientemente as projeções dos pais a seu respeito, a criança assume o que percebe como expectativas e desejos. Ela acata os rótulos e se identifica com os modelos familiares. Ela precisa parecer-se com alguns, mas de modo algum com outros. Mesmo quando reagimos a certas influências, fazer "o contrário de" ainda é comportar-se "em função de". É bom ser objeto de expectativas, quaisquer que sejam, pois mostram que fomos desejados. O problema é passar a vida tentando cumpri-las, em vez de seguir nossa vocação.

Recentemente, começamos a perceber *a família como um sistema*. Esse novo paradigma lança luzes sobre a complexidade das relações que visam promover a preservação da família e, ao mesmo tempo, o seu crescimento. Como todo sistema, a família precisa ser dinâmica e aberta para adaptar-se às mudanças internas e externas. Famílias mais rígidas resistem às mudanças que, no entanto, são necessárias.

---

[1] *A descoberta do mundo* (Rio de Janeiro: Rocco, 1999), p. 111.

Há famílias muito unidas, mas onde os membros sentem dificuldade de alcançar autonomia, enquanto outras são tão abertas que vão se diluindo e fragmentando. Como em um móbile, a conduta de um membro gera uma resposta, positiva ou negativa, dos demais. Nessa ótica, as disfunções do sistema são tentativas de reequilibrá-lo. Doenças e comportamentos inadequados podem ser a melhor solução encontrada pelo membro que assumiu a responsabilidade pelas dificuldades da família.

Pensar sistemicamente é buscar ver uma situação de vários pontos de vista, tratando de entender como os membros se relacionam. É preciso perceber a posição que cada membro ocupa na estrutura do sistema familiar, as funções desempenhadas e os papéis distribuídos ou delegados. Por exemplo, a função paterna pode ser exercida pelo progenitor ou transferida para um dos filhos.

Os papéis geralmente são complementares: o bonzinho e o vilão, o obediente e o rebelde, o tímido e o extrovertido, o acomodado e o superativo. Assim, o comportamento de cada membro deve ser entendido dentro do contexto familiar. A doença ou o comportamento disfuncional, como agressão ou isolamento, não atinge apenas um indivíduo isolado, mas todos os membros do sistema. Em vez de buscar culpados, a abordagem sistêmica procura entender como os envolvidos criaram e conseguem manter a disfunção. Enxerga dificuldades e recursos, em vez de focar problemas e patologias. Não faz julgamentos, antes procura aprender sobre o sistema, descobrir as regras explícitas e subliminares, o grau de flexibilidade e rigidez, para criar alternativas que permitam reestabilizar o sistema e devolver-lhe a mobilidade. O processo de mudança se dá a partir da compreensão da herança trigeracional e dos comportamentos assimilados na infância. Os padrões familiares disfuncionais precisam ser identificados para serem transformados.

O crescimento é um estado equilibrado entre pertencimento e individuação. O ser humano precisa sentir que é parte de algo, que está integrado a algo para poder desenvolver autonomia. Como disse sabiamente a mãe de Martin Luther King Jr., todo filho precisa de "raízes e asas"! De fato, uma família saudável deve gerar segurança e liberdade para promover unidade e, ao mesmo tempo, respeito às diferenças. O grau de *integração* e *diferenciação* depende da flexibilidade do sistema. Quanto mais nos sentimos amados e valorizados, mais somos estimulados a ampliar nosso mundo e desenvolver nosso potencial. Cabe aos pais dar direção e impulso e, depois, soltar, como bem expressa a metáfora de Khalil Gibran: "Vós sois os arcos dos quais vossos filhos são arremessados como flechas vivas".

Sentir-se acolhido, reconhecido, desejado permite construir uma autoestima positiva baseada na convicção de estar no lugar certo e de ter o direito de existir e crescer. A tarefa da família é receber um ser dependente, imaturo, frágil e transformá-lo em um ser autônomo e interdependente, capaz de amar e ser amado, e de participar ativamente na construção do mundo. *Ser amado significa ser respeitado em sua unicidade*, em suas escolhas e desejos, mesmo que não coincidam com as expectativas dos pais. Estes, por sua vez, devem permitir que os filhos vivam coerentemente com os dons e talentos que Deus lhes concedeu.

Quando a estrutura familiar é muito rígida, a criança não encontra seu espaço e, para não ser rejeitada, se vê coagida a ocupar um lugar predeterminado e restritivo. Segundo o psiquiatra Adalberto Barreto, "O ambiente familiar passa a ser um espaço de asfixia, de muita frustração e sofrimento".

Nessas famílias não há lugar para o desabrochar da vida. Os membros não são vistos como seres únicos, com desejos e projetos próprios. Os anseios pessoais são reprimidos pela pressão de se conformarem ao molde familiar, obedecendo a regras que não estão a serviço do indivíduo, mas sim de um equilíbrio engessado. As relações são fundamentadas na manipulação e na culpa, levando a pessoa a se violentar para continuar fazendo parte do sistema. Não há espaço para o prazer, a alegria, a criatividade. Um clima de fiscalização e desconfiança contamina as relações.

Somos chamados a "honrar pai e mãe" (Êx 20.12), valorizando e desenvolvendo os recursos que recebemos. Mas também devemos identificar a herança negativa, confessá-la, libertar-nos dela e deixar de atender às expectativas dos pais a fim de seguir nossa vocação. O sangue de Cristo foi necessário para nos libertar dos padrões distorcidos herdados da família (1Pe 1.16-21). Essa herança é evidenciada na Bíblia, derrubando um mito muito prejudicial em nosso meio: o da família cristã sem falhas, que gera expectativas ilusórias, frustrações e máscaras que impedem a restauração. A Bíblia traz o exemplo de pais que elegeram um dos filhos para compensar uma relação conjugal frustrante ou uma perda. A aliança Isaque-Esaú, Rebeca--Jacó, que gerou tanta animosidade entre os irmãos, repete-se na geração seguinte com Jacó privilegiando José e despertando a inveja dos outros filhos. Cada membro da família tende a receber um rótulo que funciona como uma profecia. Assim Jacó correspondeu ao seu estigma de "enganador". Mas, ao encarar sua história e confessar sua sombra, Deus muda o destino dele atribuindo-lhe um novo nome: Israel, "lutador de Deus".

Não basta identificar as expectativas impostas, os rótulos, os papéis, os modelos e perdoar os pais pelo mal causado.

A tarefa mais difícil é perceber o mal que cada um fez a si próprio e a outros, inclusive aos pais, para ser aceito ou proteger-se. Um dos mecanismos comuns é assumir a culpa pelas falhas dos pais no intuito de proteger a imagem idealizada deles. Uma criança mal amada tende a concluir que não é amável em vez de admitir a incapacidade dos pais.

Em seu livro *O rio do meio*, Lya Luft conta que, por ser uma aluna medíocre, foi mandada para um internato, onde a certeza do abandono vinha devorar sua alma à noite e não a deixava de dia. Acreditava que, se fora castigada com tanto rigor pelas pessoas boas que a amavam, ela certamente devia ser muito má. Era o seu jeito de tentar se consolar. Meses depois, condoídos, resolveram tirá-la de lá. Mas a rejeição instalara-se nela, e essa falha no chão de seus passos nunca mais se fechou. No entanto, ela conclui: "Na maturidade percebe-se que não importa tanto o que fizeram conosco, mas o que fizemos com o que eventualmente nos aconteceu".[2]

As várias estratégias para se proteger podem ser resumidas em três caminhos básicos: fugir, ficar paralisado ou retribuir a agressão. O perfeccionismo é uma combinação dessas três estratégias. Como pontua Brené Brown no livro *A arte da imperfeição*:

> Sem autoestima, passamos a vida tentando nos ajustar e conquistar aprovação [...]. Perfeccionismo é a crença de que se nossa vida, aparência e atitude forem perfeitas, conseguiremos minimizar ou evitar a dor da culpa, da crítica e da vergonha. É um escudo de vinte toneladas que carregamos conosco pensando que irá nos proteger, quando, na verdade, é o que nos impede de decolar.[3]

[2] *O rio do meio* (São Paulo: Mandarim, 1996).
[3] *A arte da imperfeição* (Ribeirão Preto, SP: Novo Conceito, 2012), p. 111.

Esses mecanismos são no mínimo ineficientes e muitas vezes autodestrutivos. O perfeccionismo é autodestrutivo porque impõe um objetivo inatingível que gerará mais culpa e sentimento de inadequação. A vergonha funciona como um *zoom* de uma câmera. Tudo que vemos é nosso "eu" defeituoso. Embora Deus cure nossas feridas e perdoe esses descaminhos, é necessário identificá-los e confessá-los a fim de vivenciar essa cura. Os padrões distorcidos e não tratados são transferidos para a geração seguinte, que herda a tarefa não realizada pelos pais.

Somos todos frutos de duas culturas: a do pai e a da mãe. A construção do genograma, ou mapa da família, permite visualizar melhor a estrutura familiar, os subsistemas, as alianças e as repetições, como, por exemplo, número de filhos, matriarcado ou patriarcado, valores, preconceitos. Os segredos — exclusão de algum membro, conflitos subliminares, infrações camufladas, desvios sexuais ocultos, doenças mentais, suicídios, falências — precisam ser encarados, pois confessar a verdade é libertador. Quais eram os sentimentos exigidos, permitidos, ignorados, reverenciados ou proibidos na família? Que profissões eram estimuladas? Como se lidava com conflitos, perdas e crises normais do processo de desenvolvimento? Que enfermidades e tragédias se repetem? Quem era o filho predileto, o palhaço ou o bode expiatório? Que papéis e funções se exercem?

Herdamos dos pais *créditos* e *dívidas* não apenas econômicas, mas também emocionais e morais. Quanto mais baixa a autoestima dos pais, maior a expectativa em relação aos filhos para que resgatem a honra da família. Entre as famosas cinco linguagens de amor — presentes, palavras de afirmação, tempo de qualidade, toque físico e atos de serviço —, qual era a linguagem predileta do pai e da mãe? Que padrões de relacionamento aprendemos? Que modelo de homem, de mulher e de relacionamento homem/mulher assimilamos? Inconscientemente, tendemos a cumprir esses *scripts*, repetindo o que vivenciamos desde os primeiros anos de vida, sem filtro e sem questionamento. Ao adotar uma postura crítica, podemos perceber algumas polarizações entre dever e prazer, responsabilidade e irresponsabilidade, extroversão e introversão, doação e recepção, ser econômico e ser perdulário. Como todo sistema busca preservar o equilíbrio, qualquer exagero tende a estimular uma reação oposta. Nós nos enxergamos e amamos como eles nos enxergaram e amaram. Construímos uma autoimagem distorcida e "vamos nos tornando quem achamos que merecemos ser", como diz Lya Luft.

No entanto, a conversão nos leva a experimentar uma mudança interior profunda. Nascer de novo significa reconstruir nossa identidade como filhos amados de Deus, libertando-nos das distorções provocadas pelos pais e pela sociedade. O sistema social e familiar que moldou nossa existência é descrito em 1João 2.16: prioriza a aparência física, o desempenho e o *status*. A ditadura da beleza impõe um padrão estereotipado. É preciso ser bonzinho para ser amado, alçar os primeiros lugares para ser admirado, atender, enfim, às expectativas para ser reconhecido e valorizado. Esse amor condicional nos leva a mendigar afeto.

O amor de Deus, em contrapartida, é incondicional. Somos filhos e nada nem ninguém pode nos privar desse amor, a não ser nós mesmos! Nosso valor é inestimável: a vida de Cristo entregue à cruz para nos resgatar. Somos capacitados pelo Espírito Santo. Assim, só nos resta receber, *deixar-nos amar* com esse amor que lança fora o medo da rejeição e nos permite ser nós mesmos, reconhecer os recursos, dons e talentos que Deus nos confiou, e ao mesmo tempo reconhecer nossas tentativas equivocadas de suprir carência afetiva ou de proteger-nos da dor. Quanto mais nos permitirmos receber esse amor imerecido, irretribuível e inesgotável, mais seremos capazes de nos doar, não para sermos amados, mas porque somos amados!

Assim, nossa verdadeira identidade não se fundamenta no que temos ou fazemos, mas em quem somos: filhos amados do Senhor do universo, o pai de Jesus Cristo, que nos chamou pelo nome e a quem pertencemos para sempre. Deixar-nos amar é reconhecer e acolher essa criança frágil, carente, amedrontada, dependente, que está dentro de nós. É deixar o amor do Pai curar as feridas e caminhar de mãos dadas com ela, suprindo suas necessidades. Pois ser adulto é tornar-se pai e mãe de si mesmo.

Libertar nossos pais da expectativa de serem pais perfeitos nos liberta da cobrança de sermos filhos perfeitos. Não precisamos mais da aprovação deles. *Deixar pai e mãe* é um processo essencial para descobrir a paternidade de Deus e enxergar Deus sem as projeções dos nossos pais. Desatar os nós não significa romper os vínculos. Ao contrário, significa reforçar os vínculos saudáveis baseados no respeito e na gratidão. Deus transforma o mal em bem, como fez na vida de José. É na família que aprendemos a amar, perdoar e nos reconciliar. Gosto da definição de família que li certa vez:

> Família é um grupo de pessoas, cheio de defeitos, que Deus reúne para que convivam com as diferenças e desenvolvam a tolerância, a benevolência, a caridade, o perdão, o respeito, a gratidão, a paciência, o direito e o dever, os limites. Enfim, que aprendam a *amar*: fazendo ao outro o que quer que o outro lhe faça, sem exigir dele a perfeição que ainda não temos.

As feridas e as fragilidades são oportunidades de experimentar o poder de restauração de Deus. Como acredita Ago Burki, quanto mais funda a ferida, mais fundo penetra a graça de Deus. E, segundo Adalberto Barreto, é da carência que nasce a competência. Portanto, que recursos herdamos da família? Que feridas carregamos? Como lidamos com elas? Que capacidades desenvolvemos a partir das carências? São perguntas importantes para identificar e suprir nossas necessidades em vez de esperar que alguém preencha os buracos.

Além de livrar-nos do mito da família perfeita, convém livrar-nos também do mito da hierarquia rígida e da submissão unilateral da mulher. O projeto de Deus na criação é de uma parceria. Em Cristo, somos chamados a abrir mão do poder para nos tornarmos um novamente. O fruto da conversão é a disposição de servir e de nos submeter uns aos outros. Assim, não é dado ao homem a autoridade de cobrar a submissão da mulher, mas de oferecer o amor de servir e se doar até a morte.

Os desafios dessa nova parceria tendem a fazer o homem oscilar entre o comportamento machão e o passivo, ausente ou alienado. A mulher, por sua vez, reage ao estigma da Amélia, a mulherzinha que vivia à sombra do marido sem projeto próprio, e torna-se a supermulher que precisa demonstrar sua capacidade competindo com os homens. A missão do casal, no entanto, é construir uma aliança que reflita a relação de Cristo com a igreja de modo que a família se torne um contexto para aprender a amar o diferente. A sombra que aparece na intimidade tem, assim, a oportunidade de ser transformada. A boa relação precisa ser construída. É o resultado do que fazemos dela. Requer dedicação e humildade para reconhecer erros e pedir perdão, e também capacidade de desfrutar as pequenas alegrias do dia a dia e de exercitar a gratidão, a tolerância e a flexibilidade, elementos essenciais para sermos felizes.

Algumas características sinalizam o lado luminoso e saudável da família e podem servir de referência nesse processo de restauração que almejamos:

1. *Comunicação clara, direta e com carga emocional adequada.* A comunicação é o termômetro das relações, pois revela a qualidade dos vínculos e as emoções subjacentes que, mesmo não assumidas claramente, transparecem no tom e nas atitudes. Ouvir permite-nos entrar no mundo do outro, construir uma ponte e identificar-nos com ele. É uma atitude respeitosa, que leva à compreensão, ao aprofundamento da relação, à humildade e ao crescimento. Ouvir significa estar presente, inteiro, ser capaz de repetir o que o outro disse. É fundamental para superar o desencontro homem/mulher oriundo da educação e das expectativas diferentes e geradoras de polarizações. Ouvir ajuda a compreender e perdoar.

A comunicação é facilitada quando há disponibilização de tempo, honestidade, palavra branda e compartilhamento de emoções. Se a carga emocional é desproporcional à situação, significa que feridas se acumularam ou alguma ferida antiga emergiu e precisa ser considerada e cuidada. Muitas famílias, por vergonha de expressar suas carências e revelar suas feridas, brigam por coisas periféricas, sem jamais encarar as razões verdadeiras e subjacentes dos conflitos.

2. *Regras explícitas, coerentes e flexíveis.* Regras devem ser coerentes com as condições de vida, com os valores e as circunstâncias, mas principalmente com o exemplo dos pais. Não adianta cobrar responsabilidade dos filhos se os pais não assumem as próprias responsabilidades.

As regras familiares também precisam evoluir de acordo com as mudanças internas, como a idade dos filhos, e externas, como férias. Limites adequados são molduras estruturantes que transmitem pertencimento e proteção.

3. *Liderança atuante e diferenciada dos pais.* Limites são importantes, mas devem ser criados dentro de um sistema democrático em que todos possam questioná-los e expressar opiniões. Pais e filhos têm deveres e privilégios específicos. Na educação, encorajar é mais importante que censurar. O papel dos pais é mais de ajudar a desenvolver os recursos, as qualidades e os talentos do que de corrigir erros, que devem ser considerados oportunidades de aprendizagem. O desenvolvimento cerebral em crianças cujos pais lidam mal com erros é altamente impactado pelo estresse: o medo de errar prejudica o aprendizado.

4. *Espaço para conflitos.* Toda família tem conflitos, mas eles não são graves, são grávidos. Conflitos precisam ser expressados e valorizados positivamente, pois mostram que a personalidade de cada um é respeitada, mesmo quando levam a um confronto. Família saudável não é aquela que não briga, mas aquela que sabe se reconciliar exercitando o perdão. Muitas vezes, o que existe é uma harmonia artificial, mantida pela dominação de um dos membros.

Além das crises normais do ciclo vital, a família também sofre pressões externas, como desemprego, acidentes, assaltos. Mas toda crise superada torna os vínculos mais fortes. Basta ser uma família comum, com alegrias e tristezas, conflitos e acertos. Reconhecer o lado sombrio permite enxergá-lo como plataforma de transformação em que a graça de Deus pode se manifestar. Mais importante ainda é desfrutar e celebrar o lado luminoso que evidencia o amor de Deus em nós e entre nós: "Seu amor uns pelos outros provará ao mundo que são meus discípulos" (Jo 13.35).

5. *Espaço para emoções como raiva, tristeza e medo.* A raiva é saudável quando expressada de forma construtiva e direta. Muitas pessoas se autocensuram, mas acabam descontando no elo mais frágil, que recebe toda a sombra da família. Quando o motivo é legítimo e a questão, tratada diretamente, sem intermediários, a ira não é pecado. Críticas construtivas são as que apontam os efeitos do mal visando buscar conscientização e restauração, em vez de acusação, condenação e punição. Até Jesus irou-se com os vendilhões do templo.

A tristeza e o medo também precisam de acolhimento para ser digeridos. Quem está em contato com as próprias dores torna-se mais solidário com as do próximo. A sombra não reconhecida tende a ser projetada no outro. Consolo, amparo, encorajamento também são aprendidos na família. Somos todos analfabetos emocionais, e cabe à família o papel de promover o amadurecimento de seus membros. A carência e a vulnerabilidade não podem ser motivo de vergonha, mas de acolhimento e superação.

6. *Presença do afeto e do lúdico.* A aprendizagem do amor requer a possibilidade de pedir, dar, receber e recusar afeto. Afeto entre cônjuges é diferente de afeto com os filhos. Muitas pessoas frustradas na relação conjugal elegem um dos filhos para suprir as carências. Nossa missão principal é amar, e o amor se expressa de várias maneiras: enternurar, elogiar, presentear, oferecer tempo de qualidade e prestar serviço. O toque é fundamental, pois é nosso contato com o outro.

Quando ocorre o desentendimento, o primeiro mecanismo de defesa é retirar o afeto. É importante prover um espaço de interação, sem cobranças, para rir juntos e celebrar a vida.

Enquanto brincam, as crianças aprendem e os adultos têm a oportunidade de resgatar sua criança interior, a capacidade de se maravilhar com o caminho das formigas ou de relembrar como construir pipas. A permissão para ser feliz e dar lugar ao prazer está em sintonia com o convite de Cristo para que tenhamos uma vida abundante. Quando alguém se dedica a ser o mais vivo possível, abre espaço para que outros façam o mesmo. Quem é livre deixa o outro livre, mas quem se exige e se cobra acaba sabotando também a felicidade do outro.

7. *Interação conjugal diferenciada.* Os filhos tendem a competir com os pais e, por isso, tentam atrair as atenções. No entanto, é importante para o processo de maturidade deles que percebam a primazia do vínculo conjugal, uma vez que seguirão a própria trajetória. Quanto mais unido o casal, mais espaço cada um tem para crescer e desenvolver a individualidade. O compromisso exclusivo e permanente entre os cônjuges deve ser renovado independentemente dos filhos, que não podem assumir a responsabilidade de ser o cimento da relação.

8. *Preservação da identidade de cada um.* A integração familiar se torna uma prisão quando a identidade dos membros não é respeitada. Cabe à família propiciar uma boa autoestima, saúde e maturidade emocional e espiritual. Cada indivíduo deve ser encorajado a desenvolver seu potencial e ampliar sua visão de mundo. Autoestima se constrói por meio de afirmação (Pv 16.24), afeto, identificação positiva com o genitor do mesmo sexo, confiança e responsabilidade, espaço para errar, humildade para aprender com o outro e estabelecer relações de mão dupla. Comparar, superproteger e podar são algumas maneiras de irritar os filhos (Ef 6.4).

Mas a nossa relação com Deus nos cura das feridas relacionais da infância. Seu amor incondicional compensa o amor real, mas falho, que recebemos. Assim, a qualidade de nossos vínculos depende da qualidade da nossa relação com Deus, que só depende de nós.

9. *Prioridade do pessoal sobre o virtual relativamente à qualidade de tempo junto.* É preciso aproveitar todas as oportunidades, inclusive no trânsito, e compartilhar um lazer saudável, como passear no parque, andar de bicicleta, usufruir a vida cultural da cidade. Pais que leem histórias para os filhos estimulam o gosto pela leitura. Hoje, muitas vezes, é a empregada que assume a função materna de vínculo, aconchego, nutrição e organização. A função paterna de direção, proteção e limite é substituída por uma agenda cheia, presentes e muita cobrança. A função casal de afetividade, sexualidade e companheirismo se perde atrás dos profissionais e pais. A criança não quer pais perfeitos, quer que eles estejam presentes. Nossa época apresenta muitos riscos para a criança: consumismo que satura o desejo, obesidade, competição, medicalização da infância.

A conscientização dos roteiros afetivos, sexuais, intelectuais e profissionais nos ajuda a desarmar armadilhas familiares e nos libertar do vil procedimento que os nossos pais nos legaram. Com isso, renascemos, reconciliamo-nos com nossa história, perdoamos, desenvolvemos dons e talentos, abrimos as asas e descortinamos novos horizontes.

A família tem o chamado de refletir o amor incondicional de Deus. Os vínculos não podem sofrer ameaças de rompimento. Ao contrário, são os compromissos renovados a cada crise que nos permitem encarar os problemas e buscar soluções que levem em conta as necessidades de todos os envolvidos.

Todos nós temos experiências de rejeição, desqualificação, carências e inseguranças. Mas podemos escolher entre sermos feridos que ferem ou sermos pessoas reconciliadas com Deus e conosco, e que se tornam agentes de reconciliação. Podemos escolher abrir mão de culpar os pais e perdoá-los, sem que eles saibam, sem que eles mudem, sem que eles se desculpem. O que a geração anterior não aprendeu, a geração seguinte terá de aprender.

Ter uma família predominantemente saudável é um grande desafio, mas por ser seu projeto o próprio Deus nos capacita por meio do Espírito, cujo fruto é: amor, alegria, paz, paciência, amabilidade, bondade, fidelidade, mansidão e domínio próprio (Gl 5.22-23). Assim, basta reconhecer nossos limites e nos permitir receber a unção do Espírito para cumprir o que Deus já preparou para cada um de nós.

Que nossa família seja um contexto em que a graça de Deus é vivenciada e celebrada. Feliz, ou bem-aventurado, é aquele que está "em marcha", caminhando com Cristo até Cristo, na força do Espírito. Sigamos com perseverança e humildade a nossa vocação de aprendizes do amor, vencendo o mal com o bem que já recebemos do Pai e lembrando que, toda vez que falharmos, a graça nos permite recomeçar.

8

O TEMPO COMO DÁDIVA

Ziel Machado

O telefone tocou. Do outro lado, escutei a voz de minha mãe. O tom estava um pouco distinto de sua habitual forma eufórica de iniciar nossas conversas. Percebi também que as palavras estavam mais espaçadas. Algo me dizia que teríamos uma conversa importante. O diálogo seguiu assim:

— Oi, filho, tudo bem?
— Sim, mãe, por aqui estamos bem. E vocês, como estão?
— Quero lhe fazer um pedido, se for possível.
— Claro, mãe, do que a senhora precisa?
— Preciso de você. Preciso que venha me ver amanhã. Você pode vir?
— Qual é o motivo dessa urgência?
— O Senhor me disse que vou partir neste domingo. Quero ver você e conversar. Você poderá vir?
— Sim!

Depois de afirmar que a veria, fiquei em silêncio. Minha mãe nunca havia falado comigo nesses termos. Sua declaração, feita com voz calma e firme, produziu em mim um profundo choque. Confirmei que pegaria o primeiro avião para o Rio de Janeiro, mas pedi-lhe para falar com meu pai antes de terminar a ligação, e ela concordou. Perguntei a ele se tinha ouvido nossa conversa. Eu queria ouvir o que ele tinha a dizer. Meu pai confirmou que minha mãe estava calma e muito segura do que falava. Estava tão serena como no início daquele ano, quando fomos juntos ao seu médico e o ouvimos dizer que ela teria apenas alguns meses de vida. Esse momento foi precedido por algo que havia acontecido quinze anos antes. Vou explicar.

Cresci num lar evangélico. Meu pai era pastor batista e, nesse ambiente evangélico tradicional, a expressão "Deus me disse" não era comum. Conhecendo bem minha mãe, sabia que ela não faria essa afirmação levianamente. Sua relação com a finitude da vida se tornara algo muito especial, e por isso ela passara a considerar o tempo de uma forma diferente. A gratidão por estar viva a fez assumir uma postura reverente, e o tempo se tornou uma dimensão intencional de sua espiritualidade.

Em janeiro de 1980, com 40 anos de idade, os exames médicos de rotina acusaram um câncer de útero. Ao voltar para casa, minha mãe reuniu a família e nos revelou não só o resultado dos exames, mas também a oração que fizera a Deus ao tomar conhecimento do diagnóstico. Ouvimos em silêncio reverente as palavras dela. Inspirada no relato bíblico do rei Ezequias (2Rs 20), ela pedira ao Senhor mais quinze anos de vida. Desejava concluir algumas coisas e ver a concretização de alguns de seus sonhos.

Crendo na bondade de Deus e marcados por uma expectativa, um sentimento novo que até então não estivera presente na dinâmica familiar, acompanhamos todo o processo de radioterapia sugerido pelos médicos para aquela situação. Isso durou longos dez anos.

Em janeiro de 1995, exatos quinze anos depois do primeiro diagnóstico, meu pai e eu estávamos diante de um novo médico. Ele queria saber, antes que minha mãe entrasse em seu consultório, se poderia revelar-lhe a gravidade do seu diagnóstico. Entreolhamo-nos e, em segundos, nos lembramos de toda a história. Acenamos afirmativamente com a cabeça em um movimento de aprovação à intenção dele de ser direto e transparente com minha mãe sobre sua nova situação.

Minha mãe entrou no consultório e, antecipando-se ao médico, perguntou:

— Doutor, quanto tempo de vida me resta? É câncer o que tenho, não é mesmo?

O médico, surpreso, apenas acenou confirmando o diagnóstico e acrescentou:

— Tudo me leva a crer que uns três meses.

— Três meses é muito pouco — ela respondeu. — Tenho duas netas que nascerão este ano, uma em janeiro, outra em março. Preciso vê-las e passar um tempinho com elas.

O médico nos olhou, meio sem saber o que dizer, enquanto meu pai e eu acenávamos para que ele apenas escutasse. Não seria necessário comentar. Ela estava serena, tranquila como no dia em que me ligou, dez meses depois dessa consulta, para solicitar que eu fosse ao Rio, antes de ela encontrar-se com o Senhor.

Quando cheguei à casa de meus pais e a vi, percebi que ela estava bem fraquinha. Ainda assim, mobilizou suas poucas forças, levantou-se e veio ao meu encontro para me abraçar. Foi a última vez que conseguiu se levantar. Era uma sexta-feira, dia 6 de outubro. Com base no que ela nos dissera ao telefone, ainda teríamos dois dias antes de sua partida. Este texto ficaria longo se eu descrevesse o que aconteceu nesses dois dias intensos, mas, devido a essa percepção do tempo como dádiva e não como posse, vale a pena descrever seus momentos finais.

No domingo, seu médico veio visitar-nos e recomendou que ela fosse levada ao hospital, pois o período final poderia vir acompanhado de muito sofrimento. A resposta dela foi:

— Obrigada por sua preocupação, doutor. Caso tenha dor, eu tomo um analgésico, mas quero me encontrar com meu Senhor neste quarto, onde sempre me encontrei com ele nos meus tempos de oração e leitura da Bíblia.

A essa altura, o médico a conhecia suficientemente bem para estar familiarizado com a história dos últimos quinze anos, e ele concordou.

Ao longo do dia, ela nos pediu que chamássemos algumas pessoas, vizinhos e parentes, pois queria agradecer a ajuda e deixar algumas palavras para cada um. No fim da tarde, teve uma conversa privada com meu pai, seguida por uma conversa pessoal com minha irmã e, por fim, chamou-me para nossa última conversa. Ao anoitecer, pediu que nos reuníssemos ao redor de sua cama para cantar uns hinos e ler passagens bíblicas. Às 21h45, pediu-me que colocasse suas mãos, sobrepostas, sobre o seu peito, olhou-nos ternamente e deu um sorriso enquanto uma lágrima escorria-lhe pela face. Então, fechou os olhos e partiu. Como ela tinha dito, o Senhor veio ao seu encontro no Dia do Senhor, no domingo. Diante de mim estava a confirmação da expressão que me deixara em dúvida poucos dias antes: "O Senhor me disse".

Ficamos todos em profundo silêncio. Aos poucos, pude ouvir sussurros de oração entre os que estávamos presentes naquele quarto. Quando consegui articular as primeiras palavras, eu as dirigi ao meu pai, que permanecia em silêncio, ao meu lado:

— Pai, o senhor é pastor há muito mais tempo do que eu e já passou por momentos assim antes. Que palavra tem sobre este momento?

Ele levantou a cabeça, olhou-me e disse:

— Filho, morremos da mesma forma que vivemos. Sua mãe, em vida, foi aprendendo a conhecer o Senhor, aprendeu algo mais sobre a vida e sobre como viver. Agora que o tempo dela terminou, foi tranquila ao encontro daquele com quem ela aprendeu a caminhar no seu tempo de vida entre nós.

Todos saíram do quarto, mas eu fiquei ali, pensando no que meu pai acabara de me dizer. Pensei na vida como um tempo especial, como um presente, como uma dádiva. Meu pai tinha razão: morremos como vivemos. A vida não é apenas uma extensão de dias; como afirmam os poetas: "É preciso saber viver". Afinal, estamos sempre sujeitos à possibilidade de que a morte nos alcance sem que tenhamos aprendido a viver. O tempo é vida, e a vida é um presente. O tempo é dádiva!

Esse parece ser um dos dilemas do pregador no livro de Eclesiastes: o temor de encontrar-se com a morte sem ter aprendido a viver. Por meio de perguntas difíceis, ele procura examinar a própria vida, investigar o sentido dela olhando para as consequências de suas escolhas, feitas "debaixo do sol". Ele se lança em um exercício de revisão de vida, uma revisão de como gastou o tempo de sua existência. Uma dinâmica de aprendizado que ressalta o dito popular: "Prestem atenção em como vocês vivem, pois todos nós, um dia, seremos convidados para o jantar das consequências". O pregador de Eclesiastes caminha na mesma direção proposta por Sócrates: "Uma vida sem exame é indigna de um ser humano".

Tendo como referência a "vida debaixo do sol", o pregador começa a questionar-se sobre suas buscas por sentido, suas buscas por satisfação, sobre como gastou seu tempo, como viveu sua vida. Ele começa por revisar os resultados obtidos com seu empenho, com aquilo em que gastou sua existência. Debaixo do sol, ele descobriu que na busca humana por sentido existem certos padrões recorrentes. Cada geração se descobre impulsionada a estabelecer locomotivas para seu "trem existencial": a busca pelo poder, a busca pela riqueza e a busca pela fama. No entanto, ainda que seu empenho seja diligente, não garante êxito na busca pelo sentido, nem que seu tempo de vida tenha sido bem vivido. O pregador percebe o que Ernesto Sábato descreve como o "não progresso da história", e a razão desse não progresso é que "sua alma é a mesma [...] o coração do homem [é], em todas as épocas, habitado pelos mesmos atributos, impelido a nobres heroísmos, mas também seduzido pelo mal".[1]

O pregador relata seu empenho na busca por sentido, descreve a seriedade do compromisso que o levou a dedicar seu tempo de vida na busca por sabedoria. Ele fala do esforço que lhe permitiu realizar grandes coisas e acumular posses, e menciona a intensidade do prazer, não tendo negado nenhum desejo ao seu coração. Contudo, sua conclusão foi que tudo não passava de vaidade, como correr atrás do vento. Foram tentativas de edificar sua vida sobre algo que não possuía valor permanente. Cada uma dessas buscas preencheu sua vida, mas não a satisfez.

Essa situação revelou o tédio, o desespero existencial que nasce dos excessos, da fartura, da opulência. Poder, riqueza, fama são ilusões que, como locomotivas, puxam as aspirações humanas. Ilusões que buscam impor-se como capazes de produzir sentido permanente, mas que no fim do dia revelam-se promessas que não podem ser cumpridas.

Foi assim nos dias do poderoso, rico e sábio rei Salomão, e continua sendo assim nessa realidade descrita como "debaixo

[1] *Antes do fim* (São Paulo: Companhia das Letras, 2000), p. 88.

do sol". Quem nunca ouviu histórias de pessoas que, no intuito de melhorar a qualidade de vida, acabaram por perdê-la? Quem nunca foi tentado a buscar satisfazer desejos e prazeres, só para terminar como escravo das necessidades, dos desejos e dos sentimentos? Já ouvimos histórias daqueles que tinham a ilusão de que seus desejos estavam sob controle e terminaram por descobrir que estavam escravizados por eles.

É possível ouvir, de longe, os gritos silenciosos de toda uma geração que busca encontrar, "debaixo do sol", o sentido para sua vida. Movida por esse desejo, lança-se com empenho e disciplina olímpica nas mais variadas experiências, crendo poder contar com todo o tempo do mundo para as tentativas e os erros. Se ainda não encontrou o que busca, pensa, é só questão de tempo, pois o tempo é algo que ela "controla". Aparentemente, esta geração ainda não captou o conceito de que tempo é vida. Não compreendeu que se gasta o tempo como se gasta a vida. Ainda não entendeu que a sensação de controle do tempo é apenas mais uma de suas ilusões.

Esse modelo de vida que se impõe o dever de produzir seu sentido existencial acaba por criar uma armadilha para o ser humano, ao se acreditar capaz de dar uma resposta definitiva para um problema que mal consegue elaborar. É como alguém que deseja voar e crê que, se reunir força suficiente nas mãos e nos braços, conseguirá por seu próprio esforço levantar-se e voar. Essa ilusão de suficiência nos reporta à descrição bíblica do pecado humano, da decisão humana de escrever sua história sem Deus. Com razão alguns mestres consideram o livro de Eclesiastes um comentário bíblico de Gênesis 3. Essa armadilha nos leva a um estilo de vida compulsivo, em que o afã se torna o eixo de referência para toda a existência. A discrepância entre o desejado e o realizado, entre o sonhado e o alcançado produz, nas palavras do pregador, aflição de espírito.

Oscar Wilde disse certa vez que "neste mundo só há duas tragédias: uma é não conseguir o que se quer, a outra é justamente conseguir o que se pretendia". Isso deveria nos fazer pensar sobre os limites de sentido do que produzimos. Aquilo que fazemos, embora resulte em algo, encontra seu limite na produção de sentido. O fato de fazer mais, seja pela intensidade, seja pela extensão, tem sua limitação na produção de sentido. Não reconhecer essa limitação nos faz cair no que o filósofo sul-coreano Byung-Chul Han descreve como as consequências da sociedade do desempenho,[2] com suas inúmeras patologias, com o ativismo, o trabalho viciante, a ansiedade, a insatisfação e outras expressões de aflição do espírito.

O pregador não se priva de fazer perguntas difíceis. Embora encontre valor no trabalho, não se furta à pergunta sobre como tem gastado seu tempo, sobre como e com o que tem gastado sua vida: "Assim, cheguei a me desesperar e questionei o valor de todo o meu árduo trabalho debaixo do sol" (Ec 2.20). A busca por sentido tomando como referência a realidade "debaixo do sol" mostrou-se inadequada. Até o árduo trabalho no qual se envolveu de forma diligente resultou em desespero. O eixo de vida baseado no muito esforço, no muito trabalho, na fadiga, no afã coloca-nos nesta armadilha conceitual segundo a qual tudo depende de nós e da intensidade de nosso esforço.

Esse eixo de referência para a vida encontrado "debaixo do sol" se revela inadequado. As palavras do pregador mostram a gravidade dessa perspectiva limitante. Ele se pergunta:

---

[2] *A sociedade do cansaço* (Petrópolis, RJ: Vozes, 2015).

"O que as pessoas ganham com tanto esforço e ansiedade debaixo do sol? Seus dias de trabalho são cheios de dor e tristeza, e nem mesmo à noite sua mente descansa. Nada faz sentido" (2.22-23). Essa perspectiva da vida não afeta apenas a maneira como estabelecemos as "locomotivas" promotoras de sentido existencial, mas também como vemos o trabalho no qual nos empenhamos tanto, no qual gastamos nosso tempo, no qual gastamos nossa vida, pois tempo é vida. Gastamos nosso tempo como gastamos nossa vida! Não somos donos de nosso tempo, nem sobre ele temos controle!

Nesse processo reflexivo, o pregador percebe que existe outra forma de ver a vida, outro eixo para referenciar nossas buscas por sentido, outro critério para valorar nosso esforço, outra maneira de considerar o tempo. Ele relata sua descoberta: "Por isso, concluí que a melhor coisa a fazer é desfrutar a comida e a bebida e encontrar satisfação no trabalho. Percebi, então, que esses prazeres vêm da mão de Deus. Pois quem pode comer ou desfrutar algo sem ele?" (2.24-25)

Essa nova percepção do pregador provoca uma reviravolta em sua percepção da realidade. Se antes o eixo era o afã, agora, com a entrada de Deus na história, surge uma nova perspectiva oriunda da realidade que está acima do sol. Esse novo eixo de referência é a gratidão. Antes a referência para a vida era o afã. Esse critério deveria ser o promotor de sentido, de valor, o eixo de referência para lidar com o "meu" tempo. No entanto, essa nova percepção, que inclui Deus no processo, muda a referência. O sentido de todas as coisas advém como dádiva. A sabedoria é dádiva, o desfrute é dádiva, o trabalho é dádiva, o tempo é dádiva, a vida é dádiva. Pois tudo isso vem das mãos de Deus.

Nosso entorno é um produtor crítico de sentido, mas sempre insuficiente e deturpado. Ele é capaz de atribuir valor, mas de forma limitada e, muitas vezes, equivocada. Portanto, é necessário questioná-lo. Não podemos permitir que a realidade social, com suas "entidades" — Mercado, Dinheiro, *Status*, Poder, Acumulação, Tecnologia, entre outras — defina o sentido de nossa vida ou como gastamos o tempo, pois tempo é vida e vida é dádiva de Deus. Somente com essa perspectiva encontraremos descanso, contentamento, satisfação. Somos desafiados a revisar prioridades, a revisar nossa busca por sentido, a atentar para aquilo que nos rouba a vida. É necessário questionar qual tem sido o eixo de referência da nossa existência. O que nos move? Afã ou gratidão? Precisamos aprender a orar assim: Senhor, ajuda-me a viver e não somente existir!

A realidade moderna nos impõe um estilo de vida que desconsidera limites. Diariamente estamos expostos ao duelo entre os limites e as demandas que nos pressionam. Isso nos afeta de tal forma que desconsideramos o fato de ser a própria vida uma disciplina espiritual que nos leva a Deus. A aceleração não nos permite lembrar que somos limitados. Vivemos como se a morte não existisse, como se fôssemos donos de nosso tempo. Ficamos presos na ilusão de que podemos dispor do tempo na intensidade e na extensão que queiramos definir. A lógica produtiva cindiu nossa percepção da realidade de tal forma que nos "coisificamos".

Precisamos trazer à memória o que está escrito na entrada da Capela dos Ossos na cidade de Évora, em Portugal: "Nós, ossos que aqui estamos, pelos vossos esperamos". Tempo é vida, e uma atitude reverente nos faria resgatar o sentido de finitude. Uma percepção do tempo como dádiva nos faria evitar o problema tão bem diagnosticado pelo escritor Ernesto Sábato. Esse paradoxo, de cujas últimas e mais trágicas consequências padecemos na atualidade, é o resultado de duas forças dinâmicas e amorais: o dinheiro e a razão. Com elas, o homem conquista o poder secular. Mas, e aí está a raiz do paradoxo, essa conquista é feita por meio da abstração: do lingote de ouro ao *clearing*, da alavanca ao logaritmo, a história das sucessivas abstrações. O capitalismo moderno e a ciência positiva são duas faces de uma mesma realidade desprovida de atributos concretos, de uma abstrata fantasmagoria da qual também o homem faz parte, mas não mais o homem concreto e individual, e sim o homem-massa, esse estranho ser com aparência ainda humana, com olhos e choro, voz e emoções, mas na verdade engrenagem de uma gigantesca máquina anônima. Esse é o destino contraditório daquele semideus renascentista que reivindicou sua individualidade, que orgulhosamente se rebelou contra Deus, proclamando sua vontade de domínio e transformação das coisas. Ignorava que também ele chegaria a transformar-se em coisa.[3]

A coisificação do ser humano é resultado do processo histórico que desconsidera os fundamentos espirituais de nossa relação com o tempo. O tempo deixa de ser considerado uma dádiva de Deus. Agora, ressignificado, passa a ser uma posse, reconsiderado como um ativo econômico. O tempo deixou de ter valor como vida e passou a ter valor como dinheiro. Não é assim que nos referimos a ele? Tempo é dinheiro!

A vida que resulta desse processo histórico não considera as raízes espirituais de nossa relação com o tempo, muito bem descrita por Isabelle Ludovico da Silva:

> Diante do estresse provocado por agendas superlotadas, tendemos a buscar técnicas para dominar o tempo. São ajudas externas.

[3] Sábato, *Antes do fim*, p. 89.

Mas estar em paz com o tempo é uma questão espiritual. A maneira como usamos nosso tempo revela o que está no centro de nossa vida; revela nossas crenças e valores mais secretos. Será que temos consciência que a agitação da nossa vida-sobrevida mal vivida tem relação com a nossa onipotência? É nossa maneira distorcida de lidar com o tempo que faz com que ele nos escape. Nossos esforços e boas resoluções são inúteis. O que salva é ouvir o Espírito no recôndito do nosso ser e não um melhor desempenho, uma agenda mais organizada. Passar do tempo maldição ao tempo da graça! O pecado é querer ser sem limite. Ao experimentar seus limites, o homem reage com ira e busca superá-los e ultrapassá-los! A sabedoria do coração mostra-se na aceitação da nossa fragilidade e temporalidade.[4]

Quando o pregador reconsidera sua perspectiva e passa a considerar o que vem das mãos de Deus (2.24) como a base para sua nova maneira de ver e viver a vida, assumindo como novo eixo de referência a gratidão, sua visão da realidade, daquilo que está debaixo do sol, muda. Agora ele entende que "há um momento certo para tudo, um tempo para cada atividade debaixo do céu" (3.1).

Como entender uma situação em que tudo tem o seu tempo?

No capítulo 3 de Eclesiastes, somos convidados a olhar a história como alguém que considera a existência de Deus. Se no primeiro capítulo nada fazia sentido, uma vez que a realidade estava limitada pelo que se passa "debaixo do sol", no terceiro capítulo a dimensão da transcendência está presente.

---

[4] "Tempos para viver", Ultimato Online, 10 de março de 2010, disponível em: <https://www.ultimato.com.br/conteudo/tempo-para-viver>. Acesso em 3 de dezembro de 2019.

Somos desafiados a avaliar a história tendo em conta Deus. Ele é a origem de todas as bênçãos.

Quando Deus entra na história, estabelece o tempo para cada coisa. A história segue o seu curso, mas é Deus que estabelece os tempos. Não estamos sujeitos à sorte. As coisas têm sentido ainda que não consigamos compreender: "Deus fez tudo apropriado para o seu devido tempo. Ele colocou um senso de eternidade no coração humano, mas mesmo assim ninguém é capaz de entender toda a obra de Deus, do começo ao fim" (3.11). Essa perspectiva da realidade nos permite saber que existem muitas situações humanas que não conseguimos entender, e para as quais não temos respostas. Por exemplo, situações relacionadas com o sofrimento, em que só nos resta o assombro e a solidariedade. O pregador nos diz que Deus permite essas ações humanas, mas estabelece limites para cada projeto nosso.

O agir de Deus na história nos ajuda a perceber que o cinismo e a perspectiva ufanista não são perspectivas adequadas para avaliar a história. Somos chamados a um realismo esperançoso. O mal está presente na ação humana, o sofrimento está presente na história, mas temos também as ações redentoras de Deus. Não podemos limitar nossa perspectiva da história apenas ao resultado das ações humanas. Encontramos na história razões para alegrar-nos, para desfrutar do que Deus nos dá. A perspectiva que nasce da realidade dessa ação de Deus na história nos inspira a mudar de atitude diante dos dilemas de nosso tempo. Deus coloca um limite no agir, nos intentos humanos. Essas realidades possuem um sentido, ainda que não possamos entendê-las. Deus colocou o desejo de eternidade em nosso coração. Queremos compreender cada dimensão da vida, mas algumas dessas realidades só serão compreendidas na perspectiva da eternidade, para aquilo que está além do sol.

Essa dimensão de eternidade que Deus colocou em nosso coração nos encoraja a lidar diferentemente com o tempo. Somos convidados a reconhecer a vigência destas duas realidades conflitantes a que estamos expostos: de um lado, a limitação dos projetos humanos e a também limitada percepção da realidade, e, de outro, esse anseio de eternidade presente no coração. Somos confrontados com a necessidade de aceitar nossa frágil temporalidade e de confiar na ação graciosa de Deus.

O resgate da raiz espiritual de nossa relação com o tempo nos permite relativizar a tirania do *cronos* sobre nós, essa perspectiva mecanicista do tempo, marcado pelo desejo de autonomia humana. Adotando a perspectiva de Eclesiastes, resgatamos a noção do tempo como *kairós*, esse tempo oportuno, esse tempo recebido como dádiva do Criador. Não um tempo sem limite nem um dia de 48 horas, mas um tempo cuja qualidade é eterna. A pergunta fundamental que precisamos fazer é: esse tempo cronológico (*cronos*) que vivemos é tempo oportuno (*kairós*) para quê?

Tenho aprendido com meus mentores que precisamos dedicar o coração àquilo que nos permita integrar o ser, pois estamos muito fragmentados, e a evidência mais contundente dessa fragmentação está em como lidamos com o tempo. Meus mentores têm me encorajado à prática de três disciplinas fundamentais para trilhar o caminho dessa necessária integração: o silêncio, a meditação e a oração.

Nossa realidade é tão conturbada que não encontramos tempo-*cronos* para essas disciplinas, mas o desafio é estar atentos ao tempo-*kairós*, pois não somos donos de nosso tempo. Ao olhar o tempo como dádiva, reformulamos por completo as prioridades. Esse exercício de reformulação de prioridades é feito sempre por aqueles que sabem que só lhes restam poucos dias de vida, que só lhes resta pouco tempo. Alguns tiveram o privilégio de perceber que esse momento se aproximava e puderam reformular suas prioridades, mas o convite não é para esperar a proximidade da morte a fim de fazê-lo, pois não temos o tempo sob controle e, portanto, o tempo que temos se chama hoje, o tempo presente.

Concluo com uma frase de Hans Burki, alguém com quem convivi por pouco tempo (*cronos*), mas que deixou marcas de tempo (*kairós*) profundas em meu coração:

> Não tenho tempo! Nos lábios da humanidade contemporânea chega a ser uma confissão de algo dolorosamente inevitável, pois somente Deus tem e dá tempo. Aquele que não recebe seu tempo das mãos de Deus, o vê escapar como areia que escorre por entre os dedos [...] o tempo é vida. Nossa vida será conforme nosso tempo, vida eterna por meio da fé em Cristo Jesus. Bem-aventurados os que têm tempo, pois Deus trabalha por meio deles![5]

---

[5] *Wachen and Wagen* (Wuppertal: Brockhaus Verlag Publisher, 1960).

Sobre os autores

Isabelle Ludovico
Casada com Osmar, é mãe de Priscila e Jonathan e tem seis netos. É economista e psicóloga clínica, com especialização em Terapia Familiar Sistêmica. É autora do livro *O resgate do feminino*. Gosta de dançar, viajar e fazer colares para presentear as amigas. Atualmente reside em Estoril, Portugal.

Osmar Ludovico da Silva
Casado há quarenta anos com Isabelle, é pai de Priscila e Jonathan, e avô de seis netos. Gosta de teologia, filosofia, psicologia, arte, viagens e mesa com os amigos. Aprendiz na escola da vida, nos livros e com mentores como Hans Burki e John Stott. Autor dos livros *Meditatio*, *Inspiratio* e coautor do *Caminho do peregrino*, com Laurentino Gomes. Foi pastor por mais de trinta anos em São Paulo, Rio de Janeiro e Curitiba. É diretor espiritual e dirige oficinas de espiritualidade, revisão de vida e retiros para casais, pastores e missionários no Brasil e no exterior. Atualmente reside em Estoril, Portugal.

Ricardo Barbosa de Sousa
Casado com Maria Cristina há 41 anos, é pai de Thiago e Arthur, e avô de três netos. É pastor há mais de 37 anos da Igreja Presbiteriana do Planalto, em Brasília (DF), e diretor do Centro Cristão de Estudos, que enfatiza a formação espiritual e a integração entre fé, cultura e trabalho. É autor de vários livros, entre eles o best-seller *O caminho do coração*. Estudou Teologia Espiritual no Regent College, em

Vancouver, Canadá, onde conheceu o dr. James Houston, seu mentor nos últimos 28 anos.

Silêda Steuernagel
Casada com Valdir, é mãe de quatro filhos e avó de sete netos. Possui formação em Letras pela Universidade Federal do Maranhão, é escritora, revisora, tradutora e co-fundadora da ABU Editora. Foi obreira da ABU e atua nas áreas de aconselhamento, mentoria e desenvolve um ministério com casais na Visão Mundial Internacional.

Valdir Steuernagel
Casado com Silêda Silva, tem quatro filhos e sete netos. Foi obreiro da ABU, diretor executivo do Movimento Encontrão e um dos fundadores do Centro de Pastoral e Missão. Pastoreou igrejas da IELCB em Pelotas, Canoas e Curitiba. Serviu na Visão Mundial Internacional, tanto na presidência do *board* como na qualidade de vice-presidente executivo na área de Compromisso Cristão. É embaixador da Aliança Cristã Evangélica Brasileira, presidente do Conselho da Visão Mundial do Brasil e, junto com a esposa, dedica-se à mentoria e nutrição espiritual. Possui PhD na Lutheran School of Theology, de Chicago. É escritor e conferencista com concentração na área da missão da Igreja.

Ziel J. O. Machado
Casado com Solange, é pai de Thiago, Lucas e Sarah. Estudou História e Teologia, tendo se dedicado por 34 anos ao ministério estudantil (ABU-IFES) no Brasil e na América Latina. Atualmente é presidente de honra da International Fellowship of Evangelical Students (IFES), vice-reitor do Seminário Teológico Servo de Cristo e um dos pastores da Igreja Metodista Livre, ambos em São Paulo. Tem tido a oportunidade de ser acompanhado por mentores e nos últimos anos tem desfrutado da caminhada com seus mestres, amigos e amigas no Projeto Grão de Mostarda. Tem forte vínculo com esportes e hoje se dedica a corridas de longa distância.